全圖解實踐版

教養，從讀懂孩子行為開始

心靈與成長診所院長 田中康雄〔監修〕 連雪雅〔譯〕

イラスト図解 発達障害の子どもの心と行動がわかる本

目錄

1章 認識「發展障礙」

2章 如果你注意到孩子有這些行為

- 若無特別標明，本書內容是參考二〇一五年四月一日前的資訊編著而成。
- 書中發展障礙的診斷名稱根據二〇一三年五月改訂的《精神疾病診斷與準則手冊（The Diagnostic and Statistical Manual of Mental Disorders）》5版（DSM-5）進行了修改：「廣泛性發展障礙」→「泛自閉症」。
- 書中出現的診斷名稱或診斷基準，今後有可能會變更。
- 有關本書加註補充台灣之資訊，為本書編輯及監修者吳純慧教授提供。

3章 認識「泛自閉症」

4章 認識「注意力缺陷過動症」

5章 認識「學習障礙」

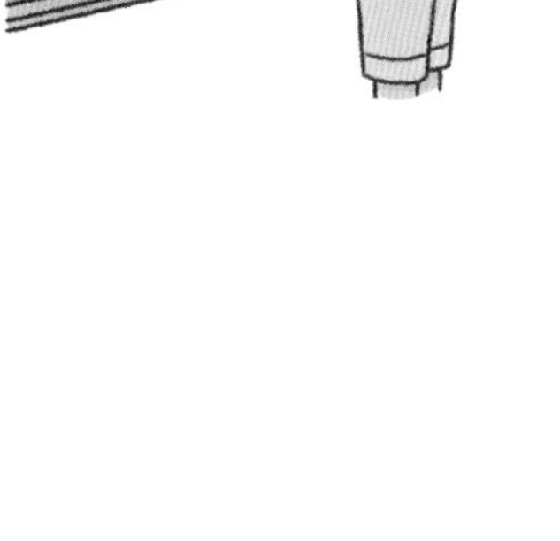

6章 察覺與診斷後的療育與照護

7章 家庭的陪伴及協助

8章 幼兒園及小學的指導對策

前言

本書秉持著「簡單易懂且全面性的觀點」原則來說明發展障礙（註）的特性，幾經修正才完成。除了孩子被診斷「可能有發展障礙」的父母，或是得面對「也許有發展障礙特性的孩子」的專家及教育者，特別是初次接觸這個主題的人，希望都能閱讀本書。

所謂的「發展障礙」是孩子在成長過程中，遭遇生活困難時的一個名稱。或許說是「生活障礙」比較貼切。因此，比起治療，孩子更需要的是「生活環境的調整與構想」或是「每日生活的持續協助」。所以，盡可能理解孩子的成長過程及特性很重要。

雖然部分細節需要更詳細的說明，但本書是以讓各位能夠理解大概的內容，掌握整體概念的項目所構成。若想了解更詳細的內容，可以閱讀更專業的書籍。發展障礙仍是尚待成熟的臨床領域。目前主要使用的診斷基準是由美國精神醫學學會所制定，該基準已於二〇一三年修訂（請參閱99頁），將自閉症與亞斯伯格症候群納入泛自閉症，所以自閉症的規定概念已改變。關於書中的發展障礙診斷名稱，為避免造成混亂，將廣泛性發展障礙納入泛自閉症，其他障礙則延用過去的名稱。今後可能會再針對診斷基準或診斷名稱進行修改。

無論診斷名稱為何，每個孩子都有自己的想法，他們在這世上都是獨一無二的存在。想要了解眼前孩子的內心與行為意義，或是想更接近孩子的心，有這種念頭的人，衷心期盼本書能帶來幫助。本人以監修者的立場檢閱這本書，重新體認到回歸初衷的重要，看完本書後，若能因此為孩子帶來幫助，我也將感到十分榮幸。

田中康雄

註：本書之「發展障礙」為引用日本發展障礙（発達障害）用語，其中主要包括泛自閉症、注意力缺陷過動症及學習障礙等類別因大腦功能異常所引發之特性。

1 章

認識「發展障礙」

「特別顯著的個性」是發展障礙的特性

「發展障礙」雖有明確的定義。
擅長或不擅長的事，抑或是感受上的差異等特性過於強烈（或是相當獨特），便可視為發展障礙。

有「發展障礙」的孩子是怎麼樣的孩子？

活潑外向、怕生、冷靜、膽小、急性子、我行我素等，每個孩子在性格與行為上各有差異，接觸過孩子的人一定也有同感，即便是大人，性格與行為都有屬於自己的特色。

這種性格或行為上的差異，一般稱為「個性」，沒有好壞之分。因為孩子的個性都不同，家人及校方（托兒所、幼稚園、國中小學老師）必須理解每個孩子的個性，認真思考怎麼做才是適合孩子的應對方式。

從「個性」的角度思考，具有發展障礙特性的孩子，個性格外強烈。因此，理解孩子的性格或行為必須付出更多心力與協助。

雖說是格外強烈的個性，也有無法理解的部分，這些需要仔細觀察或協助的孩子，其個性上的特性以醫學觀點分類，盡可能用簡單易懂的「個性」來說明，於是有了「發展障礙」這個名詞。

所以，發展障礙的特性只是個性的延伸，並非特殊的存在，後文將有更詳盡的說明。

逐一了解每個特性，就會發現自己有時也有相同的特性。有些孩子具有的特性非常強烈，或是擁有好幾個特性，為了讓他們快樂無憂地生活，理解孩子，給予適當的應對及協助是必要之務。

每個孩子的個性特質都不同

要理解個性強烈的孩子，
父母必須付出更多的心力與協助。

發展障礙不是缺陷，只是感受力比較獨特

對於有發展障礙特性的孩子，一般人總會關注在其他孩子做得到而他們做不到的事情上。但其實他們和其他孩子一樣，會做的事也很多，比起其他孩子，他們的表現也很出色。

例如，有發展障礙特性的孩子當中，有些記憶力極佳，能將所見所聞當作圖像或照片記住，或是擅長運用數字、音符思考，甚至靠自學方式學會電腦或鋼琴。具有發展障礙特性的孩子，常會像這樣以特殊的方法認知事物。

他們不比別人差，只是在看、聽、觸摸或品嘗等感覺上的感受方式或感受力比較獨特，所以在擅長與不擅長的事有明顯差異。

孩子也覺得很苦惱

個性過於強烈也會令孩子感到「生活不便」。
為了讓旁人更深入理解自己，主動配合對方、妥協讓步，對他們來說很吃力。

強烈個性是大腦發出的「正確」指令

大腦功能的失衡造就了孩子強烈的個性，也就是「特性」。

特性之一的「偏執」使孩子不易與他人產生共鳴，就算是父母也經常不知道該如何應對。此外，突然發怒打人、沒耐心排隊的行為也常引發側目，讓人產生「這孩子脾氣很差」、「這孩子很任性」的誤解。於是，特性變成了「症狀」。

看似困擾旁人的症狀，其實是有發展障礙的孩子接收到大腦發出的「正確」指令所致。雖然感覺像是「問題兒童」，但那只是「來自大腦正確指令的自然反應」，絕不是胡鬧或故意找麻煩。來自特性的言行舉止是孩子傳達的訊息，請好好接受那些無聲的心聲。他們並不任性，只是個性比較強烈。

沒耐心排隊，其實是大腦發出的正確指令。

旁人的理解能淡化孩子的特性

即便有發展障礙的特性，從小就在被理解的環境下成長的孩子，不少都能以穩定的狀態度過孩童時期，長大後出社會工作，過著自立生活，擁有充滿希望的人生。也就是說，特性不會成為症狀。

然而，從小就不被理解或遭受誤解，持續受到否定、責罵的孩子，有些會產生「我很糟糕」的強烈自卑感，在混亂的認知下長大，變成足不出戶、繭居在家的人。這或許就是特性不被理解所造成。

旁人的理解越深，孩子的發展障礙特性就會變得不明顯，反之，不被理解或強烈的誤解只會更加突顯特性。發展障礙的特性不會痊癒也不會消失。但是盡早對特性有正確的理解，就能減緩孩子生活上的痛苦，幫助他快樂成長。話雖如此，想從孩子的舉動察覺並理解孩子有沒有發展障礙的特性，是一件非常困難的事。

無法順利建立人際關係

主動讓對方理解自己的舉動對孩子來說很吃力。

發展障礙也是人際關係的障礙

家庭、學校、社會都是我們與他人溝通的重要場所。尤其是在學校及社會，許多人必須一起進行相同的行為，遵守相同的規則。

不過，有發展障礙特性的孩子，因為個性強烈，有時會和周遭的人處不來。也就是說，他們不擅長與人溝通，建立人際關係。因為不易建立彼此互相了解的關係，有時會被孤立。

雖然有些孩子覺得一個人比較自在，但說「我一個人也沒關係」的孩子當中，有些無法融入團體，被迫變成一個人，其實內心很孤單。人際關係是互相體諒，包容力較大的一方，因此主動接近對方很重要。

「普通」與「發展障礙」沒有明確界線

「普通」的孩子與有「發展障礙」特性的孩子究竟有何差異？這是很難界定的事，而且就現況來說，診斷上也不容易。

接納方式造成的印象差異

看待孩子的眼光與接納方式
會產生在印象上的差異。

討厭！
啊，我忘記帶鉛筆盒了！
哈哈哈♪
雖然經常忘記事情，但是很活潑、有朝氣
老是忘東忘西、靜不下來，真讓人擔心

「普通」與「發展障礙」並無界線

「普通」的孩子有時也會表現出如同發展障礙的強烈個性，有發展障礙特性的孩子，也有著「普通」孩子的部分。發展障礙的特性只是個性的延伸，絕非特別的存在。除了泛自閉症、注意力缺陷過動症、學習障礙，類似這些症狀的大腦功能障礙所引發的特性，常見於低齡兒童，必須有深入理解與協助時，統稱為「發展障礙」。

但是個性強烈的程度要達多少才是發展障礙的狀態，或是大腦功能遇到怎樣的阻礙才能稱作發展障礙，實在難以界定。

舉例來說，好比地圖上有「普通」與「發展障礙」二座小島。其實二座小島原為一體並未分開，只是為了方便區分才劃分界線。

重新思考「障礙」二字的意義

發展障礙因有「障礙」二字，使不少家長聽到就覺得心情沉重沮喪。可是，發展障礙並不是給孩子貼標籤，而是「特性的共有」，目的是為了減緩孩子生活痛苦，給予孩子協助。

當孩子付出努力卻未見成果時，原因不是孩子不夠努力，而是特性所致，除了孩子，旁人也要察覺，這點很重要。然後，想想怎麼做才能讓孩子發揮能力獲得效果、減緩生活痛苦，提供妥善的環境或調整支援體制。

「發展障礙」這個名詞，是結合孩子與支援的方法之一。

Q&A

Q 為何孩子會出現強烈的個性？

A 個性為什麼會變強烈，推斷可能是與生俱來的大腦功能失衡，進而造成溝通或認知、運動、行動、學習、社會互動等方面的能力產生偏差。不過，大腦功能為何會失衡，無法順利運作，原因目前尚未釐清。

不同的發展障礙特性有時會重疊

發展障礙的種類很多，如泛自閉症、注意力缺陷過動症（ADHD）、學習障礙（LD）等，特性重疊的也不少。

各種障礙其實有所關連

泛自閉症、注意力缺陷過動症、學習障礙等發展障礙有連續性，特性重疊的部分也很多，有時醫師對診斷會感到猶豫，不同的醫師可能做出不同診斷。例如，在某醫院被診斷為學習障礙的孩子，在別家醫院卻是泛自閉症，不知道哪個診斷才正確的父母會很煩惱。

不過，那可能是孩子的特性結合了兩種障礙，或是從不同障礙的觀點引導出相同的特性。因此，區別、診斷障礙真的很不容易。

認識「發展障礙光譜」

有時不同的發展障礙特性會重疊且連續。

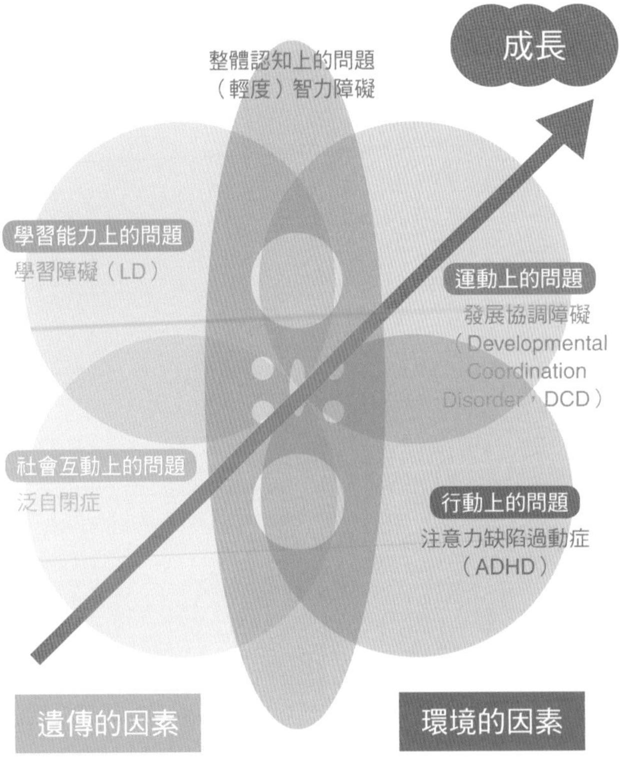

成長
整體認知上的問題
（輕度）智力障礙
學習能力上的問題
學習障礙（LD）
運動上的問題
發展協調障礙
（Developmental Coordination Disorder，DCD）
社會互動上的問題
泛自閉症
行動上的問題
注意力缺陷過動症
（ADHD）
遺傳的因素
環境的因素

根據田中康雄《邁向 ADHD 的未來》（星和書店）編製。

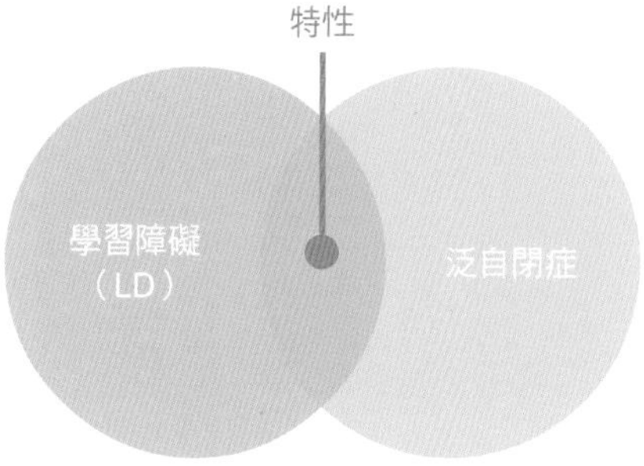

以不同的觀點解析相同特性，有時會出現不同的診斷。

「光譜」的概念

光譜的概念是由英國的精神科醫師羅娜溫恩所提出，就算都是有自閉症特性的孩子，顯現方式仍有差異。

看似不同，基本部分還是有連續性。後來，光譜的概念更擴展為泛自閉症、注意力缺陷過動症、學習障礙等發展障礙並非個別存在，而是有連續性的「發展障礙光譜」。

舉個比較好想像的例子，像是世界地圖。名為「發展障礙」的陸地被劃分了國界，各地的氣候不同，語言也有所差異。但在世界地圖上，終究是一塊相連的陸地。國界、國名只是為了方便，就像發展障礙是用來當作診斷基準的依據，並無明確的界線。

光譜的概念是幫助你我跳脫「障礙」框架的觀點，根據這個觀點，我們能仔細觀察孩子顯現的特性，給予細心的關照與協助。

註：過去被稱為「自閉症」（autism），現在已改名為autism spectrum disorder（ASD）。加入了光譜「spectrum」這個字，其實代表了自閉症本身的多元性。在臨床上，若以症狀與嚴重程度來看，可以說沒有兩個ASD患者是一模一樣的。「自閉症光譜」亦稱「自閉症譜系障礙」或統稱「泛自閉症」。

有發展障礙特性的孩子逐漸增加？

近年來，發展障礙一詞越來越常看到聽到。與其說是發展障礙的孩子增加，應該是說社會開始關注起發展障礙，於是被診斷出有發展障礙的孩子變多了。

而且，我們現在所處的環境也比過去複雜許多。大人也得面臨嚴峻的生活，即便是小孩也被迫追求效率或完美。

因此，過去個性不成問題的孩子也感到生活痛苦，所以必須給予孩子適度的關懷與協助。

發展障礙並非缺乏管教或心理疾病

發展障礙有時會被父母誤解為是孩子在耍任性，或是缺乏管教，但其實這是大腦功能的出現障礙所致。

孩子「令人困擾」的舉動一定都有其理由或意義

發展障礙可分為在社會互動或溝通、想像力方面有困難的泛自閉症、靜不下來（過動）、不專心、衝動的注意力缺陷過動症，以及在讀寫或計算等學習方面，有明顯落差的學習障礙等。

近年來，隨著發展障礙研究的進步，越來越多人知道這在醫學上是與生俱來的大腦功能障礙，社會大眾的理解，使孩子及其家屬漸漸免於被誤解的痛苦。

但在以前，尤其是難以壓抑自身情緒去配合周遭的注意力缺陷過動症的特性，很像孩子小時候會有的行為，不易察覺是天生的障礙，所以常被誤解成「任性的孩子」。父母也會以為是自己管教不足，或是對孩子的關愛方式有問題，感到自責。泛自閉症的「自閉」二字也用於思覺失調症（Schizophrenia）（註），造成許多人誤會這是一種自我封閉內心的「心理疾病」。

（註：精神疾病的一種常見病徵為妄想、幻覺、胡言亂語。）

父母的理解及讚美是讓孩子成長的正向力量

有發展障礙特性的孩子當中，有些被誤解成任性或缺乏管教，經常被警告、責罵。儘管叱責是出於「希望孩子變好」的善意或期望，結果反而是否定孩子、傷害孩子的自尊心。

出現拒絕上學或繭居在家、行為不良、憂鬱等狀況的孩子，因為受到誤解被傷了自尊，而引發了「次發性障礙」（182頁）的例子不在少數。

無論時代變遷，孩子總是需要

各年齡層出現的發展障礙徵兆

有發展障礙特性的小寶寶，出生後就像「普通」的小寶寶一樣。隨著年齡增長，出現的跡象或徵兆會變多。

容易察覺的年齡

怎麼哄也不笑、難以入睡、偏食、掙開手亂跑等舉動，讓父母傷透腦筋。

3歲左右

社會互動、溝通或想像力有困難。

可能有泛自閉症。

7歲左右

靜不下來（過動）、不專心、衝動（自制力弱）。

可能有注意力缺陷過動症。

入學後

在讀寫或計算等學習方面有明顯的落差。

可能有學習障礙。

被稱讚。被稱讚會讓他們獲得更大的自信。即使孩子因為特性做出令旁人困擾的舉動，請理解他們其實也很不知所措。有耐心地教導孩子正確的行為，當孩子做到時，請好好稱讚他。

必須先了解大腦的功能

造成發展障礙的原因，目前尚未明確，不過可能是控制大腦多種功能的網絡出現某種功能障礙所致。

腦內資訊無法順利傳達

發展障礙在孩子的成長過程中會隨著大腦功能失衡持續發展，所以在溝通或認知、運動、行動、學習、社會互動等能力會產生偏差。至於大腦功能為什麼會失衡的詳情，目前僅有假設，尚待明確。

假設之一是「感覺的網絡功能不全」。當我們認知事物或狀況時，會運用視覺、聽覺、味覺、嗅覺、觸覺等各種感覺。例如，眼睛（視覺）看到「蘋果」二字，透過神經傳入大腦，了解那是「蘋果」。可是，有發展障礙特性的孩子，儘管視力不差，看得到「蘋果」二字，但在透過神經傳入大腦的過程中，發生某種功能障礙，因而無法了解那是「蘋果」。這在學校也被當成學習障礙（123頁）的特性之一：無法分辨教科書上的字。

另外像是，聽覺上無法聽懂或聽錯、味覺、嗅覺上出現偏食、觸覺上討厭與人接觸、只能接受某些特定材質的衣服等。

大腦的指揮塔「前額葉皮質」作用衰弱

大腦分為四個腦葉，位於腦前半部的稱為額葉，當中有前額葉皮質。前額葉皮質相當於足球的指揮塔、管弦樂團的指揮，控制著大腦的多種功能。

前額葉皮質感覺系統（註）得到的資訊，認知事物或當下所處的狀況，從過去的龐大記憶中抽取需要的部分。有發展障礙特性的孩子當中，有些不懂如何安排優先順序，無法同時進行多件事，據說就是因為前額葉皮質的作用衰弱。（註：神經系統中處理感覺信息的部分，包括感受器、神經通路及大腦中與感覺知覺有關的部分。）

舉例來說，老師上課時，大部分的孩子都會專心聽老師說話。可是，有發展障礙的孩子，有些看到窗邊有小鳥飛過，比起聽老師說話，他會先看小鳥。

這可能是暫存資訊的「工作記憶（working memory）」，也就是短期記憶（short-term memory）的作用衰弱所致。

雖然起初接收到「聽老師說話」的指令，但這個指令沒有持續，造成優先順序的混亂。這也是注意力缺陷過動症的特性，成為說明孩子靜不下來（過動）或衝動（自制力弱）的假設之一。

對複雜的事物感到棘手

有些孩子能夠原地跳躍，遇到跳箱卻沒辦法。跳跳箱的時候，先跑到跳箱前，張開腳跳躍，其實這是很複雜的動作。有些發展障礙特性的孩子當中，有些無法做出這樣的動作，那也是因為腦內網絡的作用出現某種障礙，這也是假設之一。

可能與發展障礙特性有關的大腦部位

雖然造成發展障礙的原因尚未明確，
但可能是掌控多種功能的大腦作用出現某種障礙。

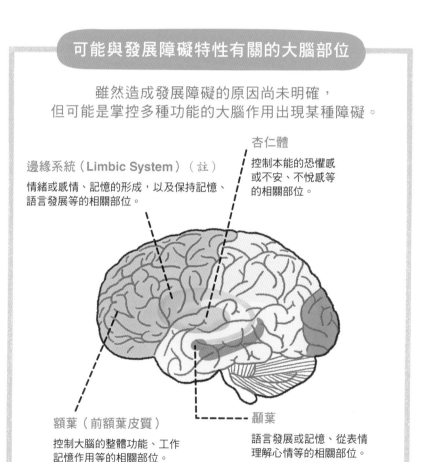

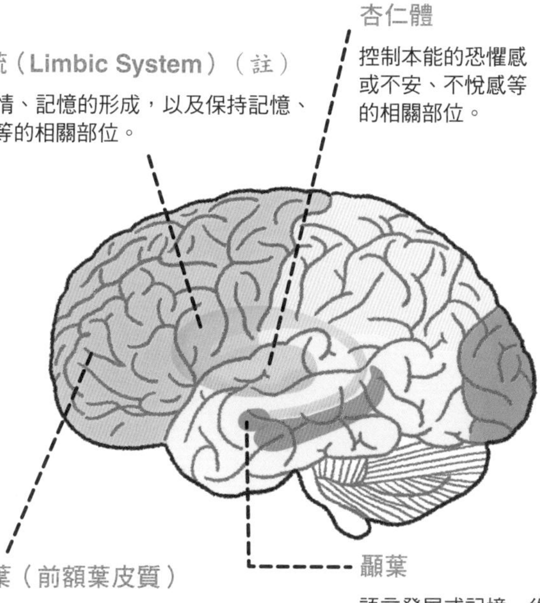
杏仁體
控制本能的恐懼感或不安、不悅感等的相關部位。
邊緣系統（Limbic System）（註）
情緒或感情、記憶的形成，以及保持記憶、語言發展等的相關部位。
額葉（前額葉皮質）
控制大腦的整體功能、工作記憶作用等的相關部位。
顳葉
語言發展或記憶、從表情理解心情等的相關部位。

註：包含海馬體（大腦的重要部分，負責關於短期、長期記憶以及空間定位的作用）、杏仁體在內，支援多種功能例如情緒、行為及短期記憶的大腦結構。

發展障礙特性的顯現方式各有所異

說到發展障礙的特性，即便名稱相同，顯現的特性未必相同。有些人累積了許多社會經驗後，懂得妥協讓步，於是特性變得不明顯。

就算是相同的障礙，特性的顯現方式仍有差異

某種發展障礙的特性會與其他發展障礙的特性重疊，和「普通」孩子的個性也會重疊、連續。因此，就算是相同名稱的障礙，特性的顯現及強度也是因人而異。

例如，泛自閉症的幾個特性，❶與他人互動時，對於做出適合當下的舉動或服從自然形成的規則會感到吃力、❷不擅溝通、❸不易發揮想像力，固執己見。

不過，就算都是泛自閉症，特性程度強烈的孩子，不會說話、叫了也沒反應，程度較輕的孩子會注視對方，也會主動說話，積極與人互動。

藉由「療育」等方式，讓特性變得不明顯

發展障礙的特性不是因為長大而痊癒或消失，而是藉由「療育」等方式，累積許多社會經驗後，不少有問題的症狀趨於平緩，使特性變得不明顯。療育（138頁）之一的結構化教學法（140頁）能夠讓孩子因應情況做出適當的言行，可說是學習生活與社會規則的「生活課程」。雖然泛自閉症的基本特性不會痊癒或消失，累積社會經驗後，面對各種場合言行適當，特性變得不明顯的人並不少見。

例如，聽到對方說「早安」，自己也要主動回答「早安」，記住這樣的規則，孩子就懂得向人打招呼。另外像是照著食譜學做菜，學會之後就能自己做飯。某個被診斷為泛自閉症的孩子說，他每次都遵照食譜的步驟做菜，完成的料理都很美味。

別去想如何治好發展障礙。理解孩子的特性，仔細觀察孩子有何煩惱，幫助他們簡單記住生活與社會的規則，那會成為他們適應社會的能力，減輕生活的痛苦。

療育與協助的重要性

注意力缺陷過動症

容易忘東忘西、靜不下來、難以專注等特性，造成生活不便。

學習障礙

智力發展沒有遲緩，孩子本身也很努力，但在讀、寫、計算等學習上感到困難。

泛自閉症

社會互動有困難、容易恐慌等，不知道如何獲得安心的環境。雖智力無發展遲緩，可是相當固執，有時不懂得妥協讓步。

正處於本身很煩惱、
周遭親友也感到困擾的狀態

↓

透過療育等方式學會規則

↓

培養適應社會的能力

有些孩子無法適應學校生活

儘管智力發展沒有遲緩，在學習或行動方面有困難，需要特別協助的孩子，普通班級約莫會有1～2人。

學習或行動上有困難的孩子為6.5％

二〇一二年日本文部科學省（相當於台灣教育部）以公立小學及國中的教師為對象進行了調查。結果指出，沒有智力發展遲緩，但在學習或行動上有顯著困難，需要特別關照及協助的孩子，在普通班級約有6.5％。

6.5％這個數字，換算成人數，在日本全國約六十萬人，一班有二～三人。不過，這只是預估數字，包含有困難傾向的孩子在內，也許是10％以上。

此外，根據二〇一三年的調查，就讀公立國中小學「資源班」的孩子在二〇一〇年約六萬人，到了二〇一三年上升至7.7萬人左右，出現了增加傾向。

6.5％的孩子不代表有發展障礙

調查內容的「在學習或行動上有顯著困難」，乍看之下等同發展障礙的特性。學習上的困難常被誤解成，在「聽」、「說」、「讀」、「寫」、「計算」、「推論」當中，至少有一項領域出現明顯棘手的學習障礙傾向。

行動上的困難也有二種誤解，一種是「不專心」或「過動、衝動」情況顯著的注意力缺陷過動症傾向。另一種是在「人際關係或偏執」方面，不擅於建立人際關係，不懂得溝通或理解對方心情的泛自閉症傾向。

這並不是根據發展障礙專家小組的判斷或醫師的診斷，對有發展障礙特性的孩子進行的調查。只是「透過教師的觀察，了解因為個性強烈在學校生活有困難的孩子有多少」。重要的是，無論有沒有發展障礙的特性，學校裡很多孩子需要被關懷與協助。

學習或行動上有困難的孩子比例

在學習或行動方面有顯著困難的孩子，一班有二～三人。

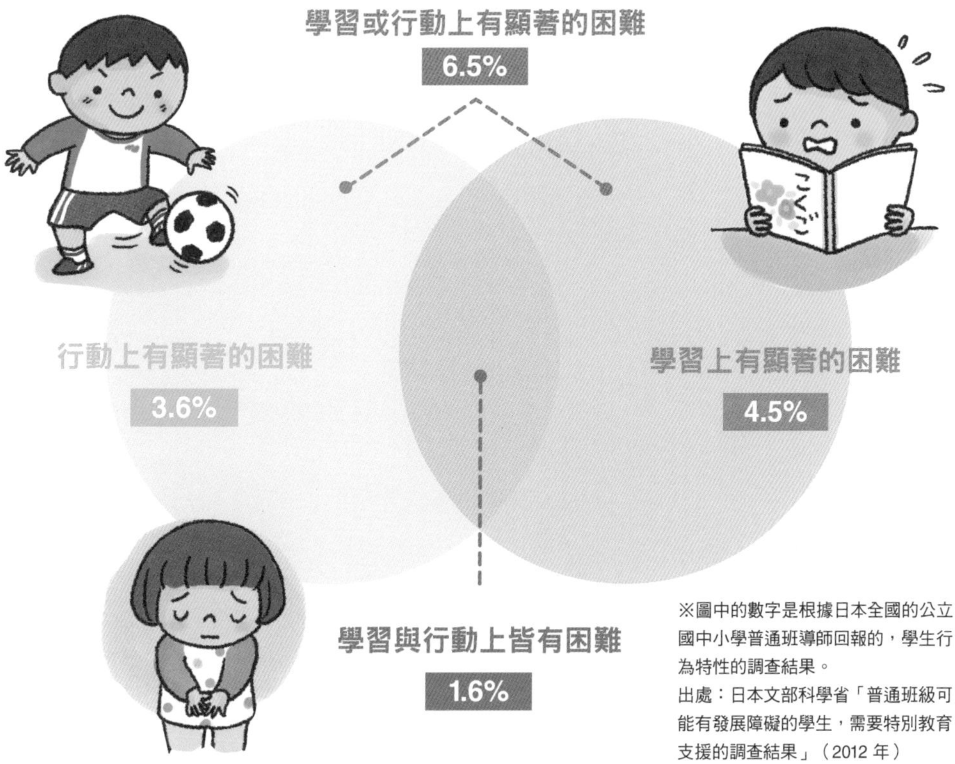

學習或行動上有顯著的困難
6.5%
行動上有顯著的困難
3.6%
學習上有顯著的困難
4.5%
學習與行動上皆有困難
1.6%

※圖中的數字是根據日本全國的公立國中小學普通班導師回報的，學生行為特性的調查結果。
出處：日本文部科學省「普通班級可能有發展障礙的學生，需要特別教育支援的調查結果」（2012 年）

Q&A

Q 何謂「資源班」？

A 「資源班」是指平時在普通班上課，每週約一～二小時在別的教室（資源班）接受符合特性的個別指導。只在普通班上課，孩子無法充分發揮能力，於是配合其特性進行指導。若就讀的學校沒有設立資源班，可在特定時段至其他學校接受指導。

長大後才發現有障礙，生活上出現問題

從小就被注意到有發展障礙的特性、受到協助的人當中，有些知道了自己不擅長的部分後，積極發展專長或能力，在研究或藝術領域發揮才能。但是，有發展障礙特性的人，有些沒有智力發展遲緩，本身或旁人也沒察覺到其障礙，長大出社會後，面臨各種問題才發現自己有發展障礙的特性。

來醫院求診的人當中，有些成了上班族，在職場上不知道為什麼惹惱對方，總是忘記重要的約定，或是在人際關係或工作上碰壁。結婚進入家庭，做家事、帶孩子的過程中發現自己不會打理家務，對鬧脾氣的孩子動怒，為此感到苦惱。

了解自己的特性後，有些人會積極走入社會、與人互動。但，有些人會覺得自尊心大受打擊，過起足不出戶的繭居生活。為了避免長大後感到困惑無助，同時也讓自己從事符合特性的職業、調整好生活環境，盡早得到周圍的理解與協助非常重要。

■長大後才知道自己有發展障礙的經過

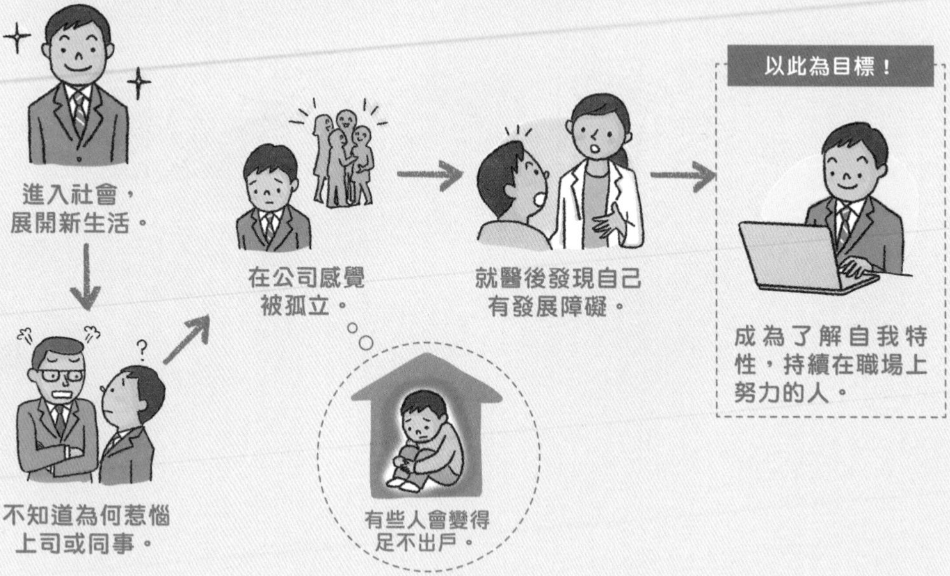

進入社會，
展開新生活。
不知道為何惹惱
上司或同事。
在公司感覺
被孤立。
有些人會變得
足不出戶。
就醫後發現自己
有發展障礙。
以此為目標！
成為了解自我特性，持續在職場上努力的人。

2 章

如果你注意到
孩子有這些行為

獨特的言行舉止是孩子傳達的訊息

孩子的感情或想法，有時會化作言行舉止表現出來。孩子的奇怪舉動，很多都是拼了命努力的結果。

出現獨特的言行舉止

有發展障礙特性的孩子當中，有些會出現獨特的舉動，例如「害怕與人眼神接觸」、「偏執」等。本章將介紹這些孩子的特徵。最常接觸孩子的父母，從每天的生活中或許能察覺到些許徵兆。

「發展障礙當中，有泛自閉症特性的孩子會出現○○的情況」，本章不會使用這樣的標題。只以言行舉止來區分障礙過於草率，了解有發展障礙特性的孩子會有怎樣的徵兆才是重點。

因此，本章內文不會出現「泛自閉症」、「注意力缺陷過動症」、「學習障礙」等名稱。各頁也會介紹該特性的應對方法，若想理解孩子的個性背景、應對方式，不妨參考看看。不過，如同第1章所述，自閉症譜系障礙、注意力不足過動症（ADHD）、學習障礙（LD）等發展障礙的特性會重疊，相關內容僅供參考。

孩子的舉動一定有其理由或意義

不光是發展障礙，孩子通常不太會用言語表達自己的心情，就連看似「奇怪」的舉動，其實多是他們為了擺脫現況，拼命努力的結果。在那些令人在意的舉動背後，一定都有其理由或意義。即使無法完全理解，「他那麼做，會不會是因為這樣？」就算只是推測，也能進一步了解孩子的心情。

察覺、假設、對應的步驟很重要

例如，有個上課不專心的孩子，試著想像他為什麼會那樣。也許是因為教室裡很吵，或是教室外有令他感興趣的事物。將這樣的推測導向最有可能性的「假設」，依照假設做出「對應」。在這樣的過程中反覆摸索，出錯也沒關係。透過察覺、假設、對應的檢驗，找出最適當的應對方式。此時，解讀孩子舉動的指標了解孩子的「心理觀點」與「大腦觀點」很重要。

理解孩子舉動的指標

察覺：例如，有個上課不專心的孩子。

↓

推測：試著思考孩子為何會那樣。
- 也許是教室裡很吵？
- 也許是教室外有令他感興趣的事物？
- 也許他感到不安？等

↓

假設：將「推測」導向最有可能性的「假設」。

↓

對應：依照假設，給予關照或協助等對應。

重要的觀點

大腦觀點

這是將大腦功能視為電腦等的系統之一，找出系統中何處無法正常運作的觀點。

1 內外刺激的輸入情況

聲音或氣味等對觸覺、味覺、嗅覺、痛覺、溫度覺等感覺系統產生作用的刺激，孩子是獲得怎樣的感受。

2 高級腦功能處理的情況

如何判斷在1輸入的刺激，有無對照過去的經驗，做出正確判斷。

3 輸出的情況

透過1、2得到的結論，在聲音、語言、書寫、動作等方面有何表現。

心理觀點

美國兒童精神科醫師里奧肯納（Leo Kanner）彙整出五種孩子「行為上的問題」。這是思考孩子的舉動，也就是症狀意義的觀點。

1 入場券症狀

因為症狀，引發對孩子的關心。症狀會結合本人與周遭的人，症狀本身並無重要意義。

2 信號症狀

症狀暗示了脅迫身心的危險，是具緊急性的暗號。

3 安全閥症狀

症狀的出現是為了保護自己，迴避重大的自我危機或最糟的情況。

4 問題的解決手段症狀

症狀會導向解決孩子的問題，必須想出更好的對應。

5 困擾症狀

症狀會使本人變成「頭痛人物」，令旁人生氣、傷心。

孩子的心情

不易對人產生興趣或關心，缺乏反應。

應對方法

➔P78「無法順利溝通」

➔P90「難以解讀對方的情緒」

令父母在意的徵兆

不哭／也不笑

小寶寶想喝奶、尿布濕了、想要人抱時，會用哭的方式表達。被哄了會笑，開心時也會放聲大笑。學會爬行後，總愛跟在朝夕相處的媽媽身後「黏緊緊」，一沒看到媽媽就會哭鬧，吵著找媽媽。這些反應是小寶寶為了拉近與媽媽等身邊的人的距離而有的「依附行為」。

可是，有發展障礙特性的孩子當中，有些不會有那樣的反應。獨自待在房裡也不哭不鬧、甚至不太會走動，不少父母事後回想起來都會覺得「孩子小時候很乖」。

小勇～
孩子的心情
有時對周遭的人事物不易產生興趣。

應對方法

➔P78「無法順利溝通」
➔P156「對話時以簡潔的話語傳達」

令父母在意的徵兆

不看對方的眼睛 叫名字也沒有反應

有發展障礙特性的孩子當中，有些不擅與人眼神接觸。不過，在媽媽等親人滿懷關愛的養育下，通常媽媽會主動與孩子眼神接觸，或是有東西想給孩子看的時候，使孩子處於被動接受的狀態，因此不易察覺異狀。

此外，小寶寶聽到旁人不斷叫自己的名字，就會記住那是他的名字，所以被叫了會轉頭或舉手。可是，有發展障礙特性的孩子，有些被叫了卻不會轉身去看是誰在叫他，跟他說話也沒什麼反應。尤其是在玩心愛的玩具時，毫無反應的情況常令人誤會那是「玩得太入迷，所以沒聽到」。

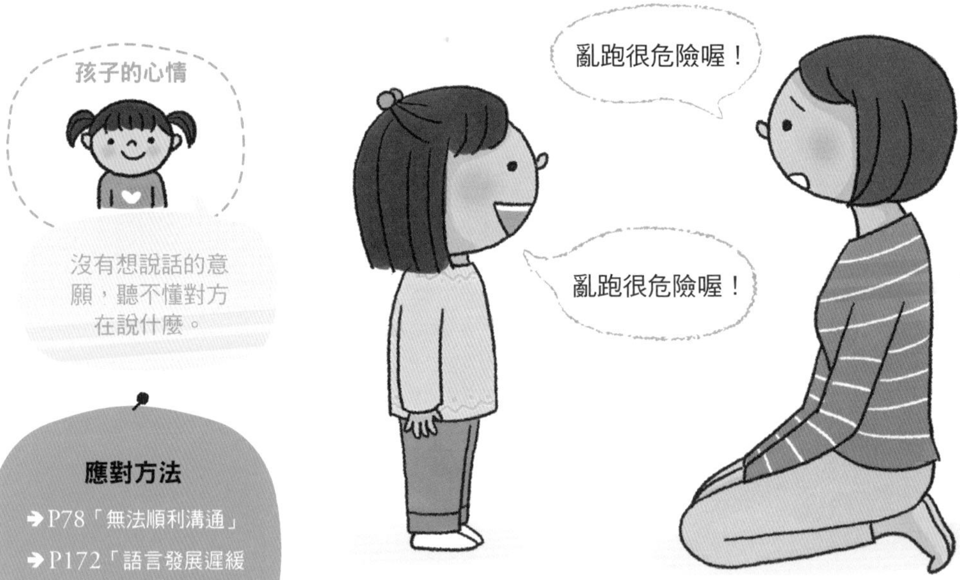

孩子的心情
沒有想說話的意願，聽不懂對方在說什麼。
亂跑很危險喔！
亂跑很危險喔！

應對方法

➔P78「無法順利溝通」

➔P172「語言發展遲緩的時候」

令父母在意的徵兆

口語表達遲緩 牙牙學語時不用疊字

孩子因為想與周圍的人溝通，所以會記住詞語，並且主動開口說話。可是，部分有發展障礙特性的孩子，對周遭事物缺乏興趣或關心、共鳴，不太會主動開口說話。

知道許多詞語（單字），似乎理解對方的話卻無法對話，或是自顧自地說起不符合當下情況的話。而且，有時聽不懂對方在說什麼，例如媽媽說「亂跑很危險喔」，就會跟著重複說「亂跑很危險喔」，出現「仿說現象（echolalia）」。初語說的不是喃喃語，而是突然說出某個名詞，或是已經開始說話，從某段時期又變得沉默。

不擅與人共享心情，或是傳達自己的想法。

應對方法

➔P78「無法順利溝通」
➔P90「難以解讀對方的情緒」

令父母在意的徵兆

看到動作也沒反應 不會表達自己的心情

就算是還不會說話的小孩，外出散步時如果看到蝴蝶或小鳥飛過眼前，會用手指著要媽媽也一起看。假如媽媽跟著看，或告訴孩子「是蝴蝶耶」，孩子就會很開心。像這樣共享興趣或關心的反應，稱為「共同注意力（joint attention）」。但有發展障礙特性的孩子，對人缺乏關心，不太會關注旁人的行為，所以不會有引起對方注意的反應。

另外，想引起對方注意來傳達自己的心情，像是想拿玩具的時候，不會對媽媽說「幫我拿玩具」，而是抓著媽媽的手，走到放玩具的地方。

孩子的心情

不是討厭與人互動，
而是感覺有偏異，
會感到痛苦難受。

應對方法

➔ P82「各種感覺出現偏異」

➔ P128「不擅了解他人語意，不擅表達」

令父母在意的徵兆

對聲音或肌膚接觸敏感
討厭牽手、擁抱

有發展障礙特性的孩子當中，有些對感覺非常敏感。對聲音敏感的話，就算是旁人不在意的聲音，對他們卻像是震耳欲聾的巨響，有時還會感到強烈的疼痛。肌膚敏感方面，衣服的標籤或縫線有時會讓他們覺得刺痛或灼痛，只想穿觸感好的衣服。

此外，父母出於疼愛的擁抱，有時會讓他們有種喘不過氣的強烈壓迫感，就算只是輕輕牽手也覺得痛，討厭擁抱或牽手。疲累、肚子餓、有壓力時，感覺會比平常更敏感。不過，也會有流血、頭撞到地也無所謂等感覺遲鈍的一面。

孩子的心情

味覺很敏感，
想吃卻吃不了。

應對方法

→P82「各種感覺出現偏異」
→P170「當孩子偏食或睡不好時」

令父母在意的徵兆

嚴重偏食
對味道或氣味很敏感

有發展障礙特性的孩子，味覺或嗅覺非常敏感。味覺敏感方面，普通的調味會讓他們覺得味道很重，吃某些食物像是吃沙或嚼橡膠，或是感覺很黏稠，因而排斥那些食物（大人也很討厭那樣的口感對吧）。

嗅覺敏感方面，聞到學校廚房傳出的氣味就會不舒服。這類的反應因人而異，不同的孩子有不同的反應。乍看之下會以為是孩子耍任性或是單純的偏食，但那是感覺的偏異所引起，光是責罵、警告無法解決。如果每次用餐都對孩子說「不可以剩，要吃光光！」，像這樣嚴厲地斥責孩子，他們會覺得吃東西不是愉快的事。

孩子的心情
獨自一人也不會害怕不安。
不要亂跑

應對方法

➔P78「無法順利溝通」
➔P184「與地區的人交流互動」

令父母在意的徵兆

隨便離開父母身邊 迷路了也不慌張

年紀比較小的孩子，會隨著自己的興趣或關心展開行動。例如，在路上看到蝴蝶或貓時，他們會開心地追上去。可是，當他們發現媽媽或身旁的人不見了，就會害怕地哭出來、到處找人。但是，有發展障礙特性的孩子當中，有些就算變成一個人也不會哭。迷路了也不慌張，反而很安靜，所以周遭的人不會發現他迷路。

加上討厭牽手，父母稍不留神，孩子就會走丟。而且，當孩子學會自己開門後，有時會一時興起，不說一聲就離開家。父母好不容易找到孩子的時候，孩子卻是一副無所謂的樣子。

孩子的心情

一個人的時候比較放鬆自在、安心、不會累。

應對方法

➔P78「無法順利溝通」
➔P210「告訴孩子如何度過休息時間」

令父母在意的徵兆

經常一個人玩 不想融入其他小朋友

儘管因人而異，孩子大約到了三歲時，就會開始和同齡的孩子玩在一起，從自己玩變成二～三個人一起玩。不過，部分有發展障礙特性的孩子，比較喜歡自己玩。

他們對於需要臨場反應或是與人溝通的遊戲感到吃力，對朋友缺乏關心，不太想交朋友。此外，他們喜歡一直看被風吹動的窗簾、流動的水或是轉動的物品等，有些孩子著迷於這種規律的美感。舉例來說，當孩子在玩玩具車的時候，比起滑動車子，他們只喜歡把車排成一列或是轉動車輪，閱讀繪本時，也是比較喜歡翻頁這樣的動作。

令父母在意的徵兆

交不到同齡的朋友
人際互動不佳

有發展障礙特性的孩子當中，有些喜歡獨處，另一方面，有些則是想和朋友親近卻無法玩在一塊兒。同年齡的孩子一起玩，必須遵守規則、彼此忍讓、考慮對方的心情。

可是，有發展障礙特性的孩子，不懂得察覺對方的心情，總以自己的心情為優先，所以有時會做出無視對方心情的行為。而且，不擅於表達自己的感情，有時會沒來由的傻笑或恐懼，令對方感到困擾。受挫了於是拒絕，難以在自己的心情與旁人的感受之間妥協讓步。

孩子的心情

想親近朋友卻惹怒對方，和對方爭吵。

反對方法

➔ P90「難以解讀對方的情緒」
➔ P218「班級的問題要趁早解決」

孩子的心情

喜歡照自己的步調說話，不擅於傾聽。

應對方法

➔ P90「難以解讀對方的情緒」

➔ P110「無法靜下來（過動）」

令父母在意的徵兆

說話方式獨特 一開口就停不下來

部分有發展障礙特性的孩子，會用超齡的老成口吻說話，或是不省略細節，內容相當瑣碎等，有著獨特的說話方式。看似表達流暢，和周遭的人並無溝通上的困難。

其實，多半像是「自說自話」，自己說話沒問題，卻無法理解對方的話。對話時，不知道對方覺得有不有趣，難以感受對方的反應，自顧自地說不停，令對方感到困擾。而且，自己說的話會變成一種刺激，進而不斷擴大話題，一開口就停不下來。

孩子的心情

擅長記憶、收集、遵守順序。

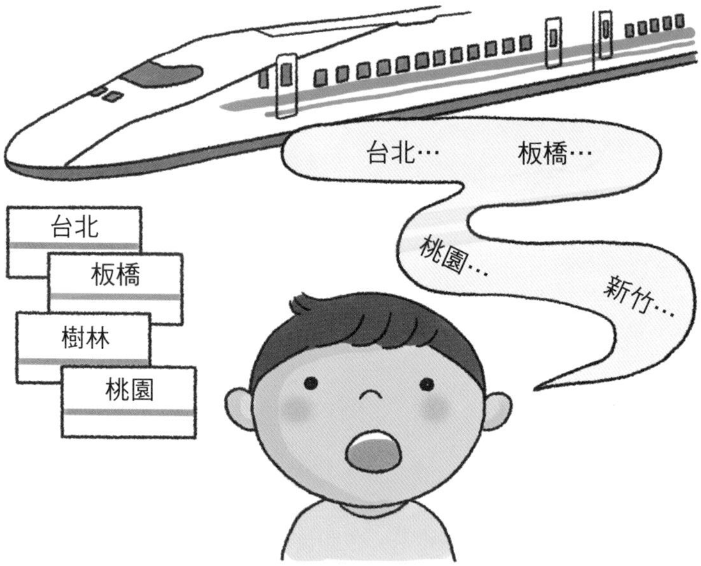

應對方法

➔P80「執著於特定的事物」

➔P202「幫助孩子發揮出色的能力」

令父母在意的徵兆

偏執、對特定事物很堅持

有特定的興趣並非不好的事，但部分有發展障礙特性的孩子似乎過了頭，對事物或順序等有著強烈的偏執。尤其喜歡記憶、排列或收集具規則性的物品名稱或數字等。例如，對火車有興趣的孩子會記住所有的火車型號或站名。

此外，記住「每天早上起床後要洗臉」之類的規則，或是「洗完臉要刷牙」這樣的順序也很拿手，一旦記住就會確實遵守。不過，因為不懂得變通，也會強烈要求周遭的人遵守他們的規則或順序。不容許出錯的強硬態度，容易與旁人發生衝突。

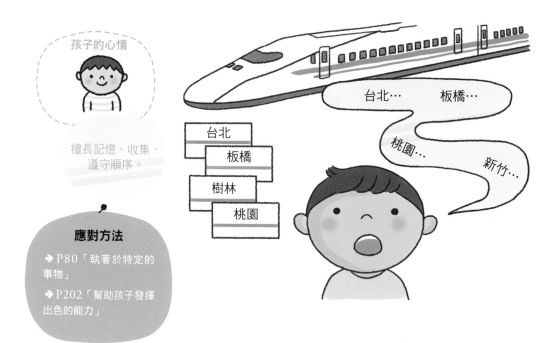

昨天打了好大的雷喔！
我嚇到快哭出來。
美美家也有聽到打雷嗎？
……

孩子的心情

擅長專注於單一事物。

應對方法

➔P92「無法一心二用，同時進行多件事」
➔P212「逐項進行學習計畫」

令父母在意的徵兆

無法同時進行多件事

平常與人對話時，我們會不自覺地邊聽對方說話，邊想好自己想說的話。像這樣同時進行多件事感覺很理所當然。可是，部分有發展障礙特性的孩子，雖然擅長專注於單一事物，卻無法同時進行多件事。

這種特性出現在對話中，經常會變成「只聽對方說話」或「只有自己說話」。上課時，邊聽老師講課，邊將黑板上的字抄成筆記，對他們來說很困難。單方面的傾聽或說話，這樣單一的行為可以做得很好。此外，有些孩子跑、跳不成問題，若是跳繩或跳箱等必須同時做多種連續動作的運動就沒辦法。

孩子的心情

「一如往常」的狀態，最讓我感到自在安心。

應對方法

➔P87「預期外的變化令孩子痛苦」

➔P198「不要緊迫盯人，培養孩子的鬥志」

2
李大
2
王小華
你怎麼啦？運動會的練習要開始囉！

令父母在意的徵兆

無法參與活動 無法團體行動或共事

有發展障礙特性的孩子當中，有些面對不同以往的環境容易感到困惑、不安。活動或比賽的日子，氣氛會變得和平常不一樣，行程安排也會有所變更。例如，快到運動會的那段期間，課程表會改變，或是聽到吵鬧聲、穿體育服的時間也會變多。出現許多與平時上課不同的情況，無法適應那樣的變化，感到強烈的不安，於是拒絕參加練習，不知如何是好而嚎啕大哭。

不過，有些孩子面對不同以往的氣氛則會變得亢奮，壓抑不住興奮的心情，排隊時脫隊走動等，無法集體行動或共事。

孩子的心情
事情符合自己的預測就能夠安心，發揮原本的能力。
養樂多
健健美
和平常不一樣！怎麼辦？

應對方法

➔ P87「預期外的變化令孩子痛苦」
➔ P174「恐慌發作時」

令父母在意的徵兆

討厭變化 無法適應變化

出乎意料的禮物或活動，多數人都喜歡那樣的變化或興奮感。可是，部分有發展障礙特性的孩子，就算是一般人覺得開心的預定變更，也會感到強烈的不安或是焦慮煩躁。「接下來會變得怎樣？」、「會變成這樣嗎？」，他們不擅於深思或想像。

日常生活中，好比物品的擺放方式改變、上學的路因為臨時施工無法通行、平常吃的某種食物換了品牌等，對旁人只是些微的變化，卻會讓他們不知所措。此外，有些孩子對理解他人的話感到吃力，如果僅口頭告知臨時的變更，他們會非常不安，甚至驚慌大哭。

孩子的心情

做到一半停下來，
心裡會感到不安。

應對方法

➔ P76「不懂得察言觀色，體諒他人心情」

➔ P92「無法一心二用，同時進行多件事」

令父母在意的徵兆

無法順利轉換心情

部分有發展障礙特性的孩子，一旦開始做某件事就會堅持到底。也無法轉移注意力或調適激動的情緒。例如，上美勞課時畫畫，下課了就不能再畫。但是有發展障礙特性的孩子當中，有些不懂得暫停，所以會一直畫下去。假如強迫他們停止，反而會生氣。就算當下聽從指示，之後也會因為內心的焦躁出現失眠或咬指甲等症狀。

另外，有些孩子無法變更決定好的順序，或是做事情做到一半停止。假如沒依照步驟進行，就會重頭做起。

應對方法

➔ P80「執著於特定的事物」
➔ P87「預期外的變化令孩子痛苦」

令父母在意的徵兆

重複相同的動作 不停甩手

有發展障礙特性的孩子當中，有些會持續重複相同的動作，例如搖晃身體、跳來跳去、不停甩手、轉來轉去等。有時會一直去碰流動的水、摸特定的布偶、舔玩具、聞某些特定的氣味等，持續體驗相同的感覺。

有些孩子對於旋轉、閃閃發光或搖動的物品會看到入迷，或是一直按電燈或換氣扇等的開關、反覆的開門關門。這樣的行為稱為「刻板行為」，藉由重複相同的動作，減緩內心的不安或緊張。即便旁人說「別這樣」也不肯停止，若被強迫停止，強烈的不安會讓他們感到心慌。

孩子的心情
將對方的話，只照著字面上的意思接受。
你媽媽在家嗎？
在！
掛斷

應對方法

➔ P88「無法了解含糊、抽象的用語」
➔ P156「對話時以簡潔的話語傳達」

令父母在意的徵兆

不了解對話的含意 聽不懂玩笑話

當我們接起電話，聽到對方說「你媽媽在家嗎？」，就會知道對方的意思是「請你媽媽接電話」，然後去叫媽媽來接電話。聽到「直接回家」也能明白那是「回家的路上不要到處亂晃」的意思。可是，有發展障礙特性的孩子，有些只會接受字面上的意思，不懂得解讀話語中的含意。

回到前例，接起電話，聽到對方說「你媽媽在家嗎？」，他們只會說「在」，然後掛掉電話。聽到「直接回家」，反而會說「不轉彎我回不了家」。因為會完全接受字面上的意思，聽到玩笑話會當真而生氣，被挖苦諷刺反而會開心。

孩子的心情

不易理解對方與自己的心情。

應對方法

➔P76「不懂得察言觀色，體諒他人心情」

➔P158「稱讚勝於責罵」

令父母在意的徵兆

不會看現場狀況 不懂得察言觀色

我們會觀察對方的表情或眼神、肢體動作、聲調、姿勢等，想像對方的心情，表現出最符合當下情況的態度。但部分有發展障礙特性的孩子，不靠語言溝通無法理解、體諒對方的心情。因此，即便沒有惡意，被罵了卻一臉不在乎，氣氛很沉重卻放聲大笑，做出無視對方心情的舉動。

此外，我們會無意間察覺自己的感情，覺得悲傷時會說「好難過」，懂得利用語言做「概念化」的表達。可是有發展障礙特性的孩子當中，有些無法將自己的感受轉換成語言，難以察覺自己的心情。

孩子的心情

有時睡眠狀態會不穩定。

應對方法

➔P82「各種感覺出現偏異」

➔P170「當孩子偏食或睡不好時」

令父母在意的徵兆

睡不好／容易醒過來

有發展障礙特性的孩子當中，有些經常睡不好，或是很容易醒過來。還是小寶寶的時候，在媽媽懷中就能很好睡，放到床上立刻清醒大哭，或是整晚哭不停，讓媽媽精疲力盡。有些小寶寶只有放在嬰兒推車移動的時候，或是坐在兒童安全座椅外出時才會睡著。

孩子的睡眠問題會隨著成長獲得改善，不過有些孩子就算看起來很累也不午睡，半夜起來好幾次，或是一大早就醒來，睡眠狀態很不穩定。如果勉強他們睡，就會大哭大鬧。

孩子的心情

不是突然發脾氣，只是難以表達心情。

應對方法

➔P82「各種感覺出現偏異」
➔P95「隱藏性偏執」

令父母在意的徵兆

沒來由的生氣鬧情緒

孩子的表情或態度、說話次數、聲調等會直接顯露他們的感情。可是，部分有發展障礙特性的孩子，心情不易顯現在表情上，不懂得如何表達自己的感受。

孩子不安、焦躁或生氣，其實都有明確的理由（突如其來的行程變更，讓他感到極度不安；因為感覺敏感，旁人覺得柔和的光線，他卻覺得刺眼；把對方的玩笑當真等）。周遭的人不懂其感受，誤以為那是沒來由的生氣、鬧情緒。儘管心裡一直覺得不舒服，卻不知道如何表達，最後忍無可忍，做出情緒化的反應，因而遭受誤解。

孩子的心情

具體的事、直接的表現比較好理解。

應對方法

➔ P76「不懂得察言觀色，體諒他人心情」

➔ P88「無法了解含糊、抽象的用語」

令父母在意的徵兆

說話很直接 不懂得婉轉表達

孩子還小的時候，想到什麼就說什麼，不會考慮對方的心情。等到差不多上小學的年紀，就會為對方著想，「刻意不說」某些事。然而，有發展障礙特性的孩子，有些做不到這樣的事。因此，即便沒有惡意，看到胖胖的孩子會當著對方的面說「你好胖」。有時回答問題會搞錯方向。好比有人問「你的衣服在哪兒買的？」，他的回答不是「○○百貨」，而是「三樓」。

雖然那樣的回答也沒錯，卻不是對方想要的答案。不太能理解婉轉的表達，聽到「放在那邊」、「切成適當的大小」、「要好好整理」之類的話會感到不知所措。

孩子的心情
難以理解
時間的概念。
什麼時候吃的？
上次吃的點心
好好吃喔！

應對方法

➔P93「難以掌握模糊的空間、時間」
➔P208「時間表的構造化」

令父母在意的徵兆

把以前的事說成昨天的事
不知道「結束」的時間點

孩子還小的時候，就算是半年前的事，也會說得像是才剛發生一樣。特別是高興的事情，不管過了幾年，會說得好像是最近發生的事一樣，例如「去遊樂園玩得好開心」。對於時間的感覺，隨著年齡增長會越來越明顯，但有發展障礙特性的孩子，有些難以理解「昨天」、「今天」、「明天」、「一小時」、「五分鐘」等時間的概念，有時會把以前的事當成昨天的事說得很詳細。

此外，「時間不會停止」對我們來說是理所當然的事，有些孩子卻無法感受。也就是說，他們不懂「過了五分鐘」、「過了一小時」是怎樣的感覺。因此，必須一直對抗心中那股「難道會一直這樣都不結束嗎？」的不安。

令父母在意的徵兆

容易恐慌不安

「恐慌」是指用盡全身力氣大哭，彷彿要破壞周遭物品的激烈興奮狀態。引起恐慌的原因很多，部分有發展障礙特性的孩子，因為不擅於發揮想像力，容易對變化感到不安，這是原因之一。

假如發生孩子預期之外的事，就算對旁人只是件小事，他也會感到非常不安。而且，這樣的孩子通常有感覺的偏異，外界的刺激也會觸發恐慌。恐慌會讓周遭的人感到困擾，其實最困擾的是孩子本人。有發展障礙特性的孩子「希望一切就像平常一樣」，那樣的想法造成的偏執，其實也是迴避不安、渴望安定的「決心」。

孩子的心情

不是要任性，只是「想要安心！」，這樣的心情有時會造成恐慌。

應對方法

➔P82「各種感覺有偏異」
➔P174「恐慌發作時」

孩子的心情

不是懶散，只是不易保持端正的姿勢。

應對方法

➔ P94「全身運動或手指不靈活」

➔ P144「感覺統合治療」

令父母在意的徵兆

姿勢不良

部分有發展障礙特性的孩子，會出現駝背、坐沒坐相、站不直等姿勢不良的情況。另外像是躺在地上玩、趴在桌上或撐住下巴的姿勢也很常見。

姿勢不良有時是肌力不足或身體平衡失調，不過，在多數人的「常識」下，姿勢不良＝懶散，因此姿勢不良的孩子會被誤解為「沒精神」、「有氣無力」，經常受到責罵。此外，不靈活或動作遲鈍的情況也不少，所以有時會撞到家具或門、運動方面不拿手、穿脫衣服很花時間、字寫不好等。

孩子的心情

討厭的事很多是因為感覺敏感。

應對方法

➔P80「執著於特定的事物」

➔P82「各種感覺出現偏異」

令父母在意的徵兆

討厭、不安的事物很多

有發展障礙特性的孩子當中，有些討厭剪指甲、剪頭髮、洗頭或洗澡、刷牙、擤鼻涕等，當爸媽想為他們整理儀容時，他們會顯得很排斥。也會有討厭戴帽子、穿高領毛衣、穿襪子、把衣服的袖子捲起來等感覺敏感現象，或是對衣服有某方面的要求、討厭被抱或牽手等與人接觸的行為。

此外，有些孩子討厭面對群眾、聽到特定的聲音會感到不安，害怕待在隧道或大廳等寬廣的空間。這些行為下的想法不易被理解，於是讓人覺得孩子很難帶。討厭的事物很多，也許是因為對變化的不安或感覺敏感所致。

孩子的心情

不是耍任性，而是因為特性無法遵守規則或順序。

應對方法

➔P115「思考前已經展開行動（衝動）」
➔P218「班級的問題要趁早解決」

令父母在意的徵兆

無法遵守規則 沒耐心排隊

部分有發展障礙特性的孩子無法遵守遊戲規則，和朋友比賽輸了會鬧脾氣。那些行為都有其理由，可能是孩子覺得遵守規則太困難，或是好勝心所致。無論如何，若對那樣的特性缺乏關照或協助，就會覺得孩子很任性，凡事都得照著他的想法做。

此外，有些孩子沒辦法乖乖排隊。就算告訴他「要排隊喔」，他也聽不懂「排隊」的意思，總是想搶第一。因為個性急躁，朋友說話時會忍不住插話，被誤解為「愛耍賴」、「很自私」。

孩子的心情

我不自私，那是大腦下達「正確」指令，要我趕快行動。

應對方法

➔P110「無法靜下來（過動）」

➔P115「思考前已經展開行動（衝動）」

令父母在意的徵兆

想到什麼就做什麼
容易發生事故或受傷

部分有發展障礙特性的孩子沒辦法「等待」。例如，上課時老師提問，一般都會先舉手，被老師點到才回答。然而，不懂得「先思考再行動」的孩子，還沒等到老師問完問題就已經說出答案，沒被老師點到就搶先回答。

此外，就算老師說「作業寫完的人才能玩」，還是自顧自地玩起來。有這種情況的孩子通常給人活潑有朝氣的印象，智力發展也沒有遲緩，所以會被誤解為「很自私」、「愛耍賴」，經常被責罵。加上立刻展開行動的特性，注意力容易分散，常會發生事故或受傷。

孩子的心情

為什麼老是忘東忘西，自己也很煩惱。

應對方法

➔P112「健忘、注意力無法集中（不專心）」
➔P216「不擅於整理，經常忘東忘西」

令父母在意的徵兆

健忘、粗心大意經常忽略細節

有發展障礙特性的孩子當中，有些會弄丟教科書或筆記等必要的物品，或是經常忘記交作業。容易因為外界的刺激分心，記不住東西擺放的地方、聽過的事很快就忘記、考卷忘了寫姓名等。不懂如何安排優先順序，有時會忽略必須馬上完成的功課。

此外，不擅於分類物品，打掃整理很吃力。即使經常被責罵或警告，這種健忘的情況也無法改善。由於智力發展沒有遲緩，有時會被誤以為是「散漫的孩子」。不過，孩子本身也為了自己的健忘感到煩惱。

孩子的心情
壓抑不住「想動」的念頭。
上課了
他幹嘛…
是小鳥！

應對方法

➔P110「無法靜下來（過動）」
➔P112「健忘、注意力無法集中（不專心）」

令父母在意的徵兆

無法專心／靜不下來

有發展障礙特性的孩子當中，有些會被旁人不予理會的刺激，如細微的聲音等干擾，無法專心做一件事。有些孩子上課時會動來動去、搖晃椅子發出聲音、離開座位隨便走動等，沒辦法乖乖待在原位。但有時也會出現各種失衡的情況，例如打電動可以打好幾個小時等。除了行動之外，也會不斷擴大話題、說個沒完。

許多這樣的孩子也很健忘，就算經常責罵或警告也不太能改善。因為孩子也只是遵從大腦發出的「正確」指令。

孩子的心情

覺得自己很糟糕，可是，不知道怎麼做比較好。

應對方法

➔P160「以肯定取代否定的表達」
➔P182「如何預防「次發性障礙」」

令父母在意的徵兆

叛逆的態度 容易感到悲觀、消極

有發展障礙特性的孩子當中，隨著年齡增長，有些會出現明顯的叛逆態度或暴力舉動。被大人警告還會強詞奪理，甚至頂嘴說「媽媽才是討厭鬼！」之類的重話。叫他「快去寫功課」也叫不動，表現出讓旁人困擾的態度。

另一方面，沒有問題行為或令人在意的舉動，有些孩子卻會有「反正我就是那麼糟糕」、「我什麼都做不好」的悲觀情緒或消極態度。尤其是小時候，對於各種刺激都很好奇的孩子，行動經常被周遭的大人制止、警告或責罵，這樣會傷到他們的自尊心。

孩子的心情

感情用事，無法預測結果。

應對方法

➔P174「恐慌發作時」

➔P218「班級的問題要趁早解決」

令父母在意的徵兆

無故亂推人踢人 弄哭特定的小孩

部分有發展障礙特性的孩子，一有不開心的事就會打朋友，或是放聲尖叫。這樣的行為一再發生，會被誤解為「個性粗暴的孩子」。其實，那或許是孩子沒辦法理解對方的心情而產生誤會，或是壓抑不了激動的情緒。

此外，敏感的孩子，為了迴避某些強烈的刺激，有時會做出推擠的行為。包含只攻擊特定孩子的情況在內，了解孩子在意的是什麼，找出行為背後的原因。假如孩子把攻擊性的舉動當作消除不安或焦躁的方法，必須幫助他轉換成「更好的行為」，例如離開現場，讓情緒冷靜下來。

孩子的心情

已經很努力了，
就是唸不好、
寫不好。

應對方法

➔P126「閱讀或書寫上有困難」

➔P214「協助孩子克服不拿手的事」

令父母在意的徵兆

唸錯文章／寫錯字

有發展障礙特性的孩子當中，有些平常說話流暢，唸文章時卻不會依照意思斷句，只會逐字唸，唸到哪兒自己都不知道，或是漏字跳行，在閱讀上有困難。有時看到字形類似的字會讀錯，或是發錯音，例如二聲發成四聲等。

若是書寫有困難的孩子，字體寫不工整、筆記或考卷上的字寫得太大或太小。字形相似的字會寫錯，或是漏寫「，」、「。」、「、」之類的標點符號。有些孩子無法將黑板上的字抄成筆記，或是不擅長寫作文。

孩子的心情
把聽到的話轉換成文字，或是組織文章很花時間。
然後就下起「雨」了
然後下起「糖果」…
國語

註：「糖果」和「雨」的日文發音相同。

應對方法

➔P128「不擅了解他人語意，不擅表達」
➔P214「協助孩子克服不拿手的事」

令父母在意的徵兆

不擅於傾聽和表達

有發展障礙特性的孩子聽不懂對方說的話。例如，上課時老師說「星星很閃亮」，只要推測語意就能知道是天上的「星星」，不是動物園的「猩猩」。但是，沒辦法將聽到的話轉換成文字時，只憑口述無法理解意思。

若是聽覺敏感的孩子，各種聲音聽起來音量都一樣，所以老師的話會被其他聲音蓋過或聽錯、聽不清楚。另外，有些孩子聽得懂對方說的話，卻無法順利表達。我們說話時，腦中會立刻整理好文法或順序、詞彙等，但對此有障礙的孩子，說話會沒有條理，或是很花時間。

孩子的心情

記不住計算的規則，很難想像圖形。

2+3=5
1+6=7
8-2=6
輕鬆解答
8+13=?
5+16=?
14-9=?
到底要怎麼算…

應對方法

➔P130「計算或推論上有困難」

➔P214「協助孩子克服不拿手的事」

令父母在意的徵兆

不擅長計算或理解圖形、推論

部分有發展障礙特性的孩子不擅長計算，情況各不相同。例如，會做個位數的計算，卻不會進位或借位、筆算時加錯減錯。另外，有閱讀困難的孩子，看到20＋30馬上就算得出來，遇到「蘋果一個20元，橘子一個30元。買一個蘋果和一個橘子，總共是多少錢？」之類的應用題反而算不出來。

對不易掌握空間的孩子來說，從已經知道的事去類推不知道的事，例如求三角形的高、想像球、立方體等看不到的部分等，會讓他們覺得很吃力。有些則是在數字概念的理解或四則計算（＋－×÷）的記號活用、九九乘法表的記憶上有困難。

令父母在意的徵兆

手指不靈活
手的力道太重或太輕

扣鈕扣與解鈕扣、拉鍊的拉開與拉合、使用筷子、寫字、用橡皮擦擦掉字、畫畫、折紙、拿剪刀剪東西等動作，即便一開始做不好，多練習幾次就能學會。但是有發展障礙特性的孩子就是學不會。日常生活中經常會用到手，假如手不靈活，就沒辦法獨力完成事情。

上課時經常得寫字，若筆壓太強，鉛筆的筆芯會斷掉、筆記本會破掉，進而影響學習。不懂拿捏力道的孩子，其實沒有惡意，只是想輕拍朋友的肩膀，卻拍得太用力，結果被誤解為「很粗魯」。

孩子的心情

一再練習還是學不會、做不好。

應對方法

➔ P94「全身運動或手指不靈活」
➔ P168「無法完成日常瑣事」

孩子的心情

明明很努力練習，身體動作就是不靈活。

應對方法

➔P94「全身運動或手指不靈活」

➔P202「幫助孩子發揮出色的能力」

令父母在意的徵兆

不擅長全身運動 肢體不靈活

有發展障礙特性的孩子當中，有些沒辦法做到手腳並用，或是雙手交互擺動的動作。能夠原地跳卻無法跳繩，能跑能跳卻跳不過跳箱。

此外，有些孩子因為不了解自己身體的大小或輪廓、伸展手腳的感覺等，容易撞到門或家具、上下樓有困難。有時連日常生活的動作也不靈活，像是蹲到桌下撿橡皮擦卻撞到頭等。不會做地板運動或吊單槓、跳躍，跳舞或體操等就算示範給他們看，還是學不會。

當發現孩子可能有發展障礙時

孩子無法將自己的想法用言語完整表達，父母盡早發現孩子的特性，積極給予協助很重要。

察覺孩子感到生活痛苦是很重要的事

前面介紹了發展障礙的孩子常見的舉動。讀完後，或許有人會想「這麼說來，我家的孩子好像也有類似的情況」。不過，就算有出現前文介紹的舉動，也不表示你的孩子一定有發展障礙。

但是，若在日常生活中覺得孩子不太好帶，或是孩子生活得很痛苦，首先請試試看「調整生活」。

盡早察覺，細心對應

包含父母在內，經常接觸孩子的人最在意的就是「這孩子為什麼會有這樣的舉動」。

老是鬧脾氣或恐慌，不懂得變通或強烈的偏執等，令不少爸媽感到束手無策。「調整生活」是指，想像孩子的想法，給予孩子能夠實現想法的環境。假如讓孩子一直處於無法實現想法的環境，等於是強迫他們過痛苦的生活。

有些父母諮詢孩子的舉動時，可能會擔心孩子被冠上「障礙」二字的診斷。不過，要是覺得孩子「似乎怪怪的」、「好像不太一樣」，或是有感到困擾的情況，請別獨自煩惱，請找專家諮詢。

孩子無法將自己的想法用言語完整表達，為了知道「應該採取怎樣的應對方式，提供怎樣的環境才能讓孩子過得舒服」，周遭的大人必須盡早察覺孩子的特性，積極給予協助，這點非常重要。

盡早察覺，細心對應很重要

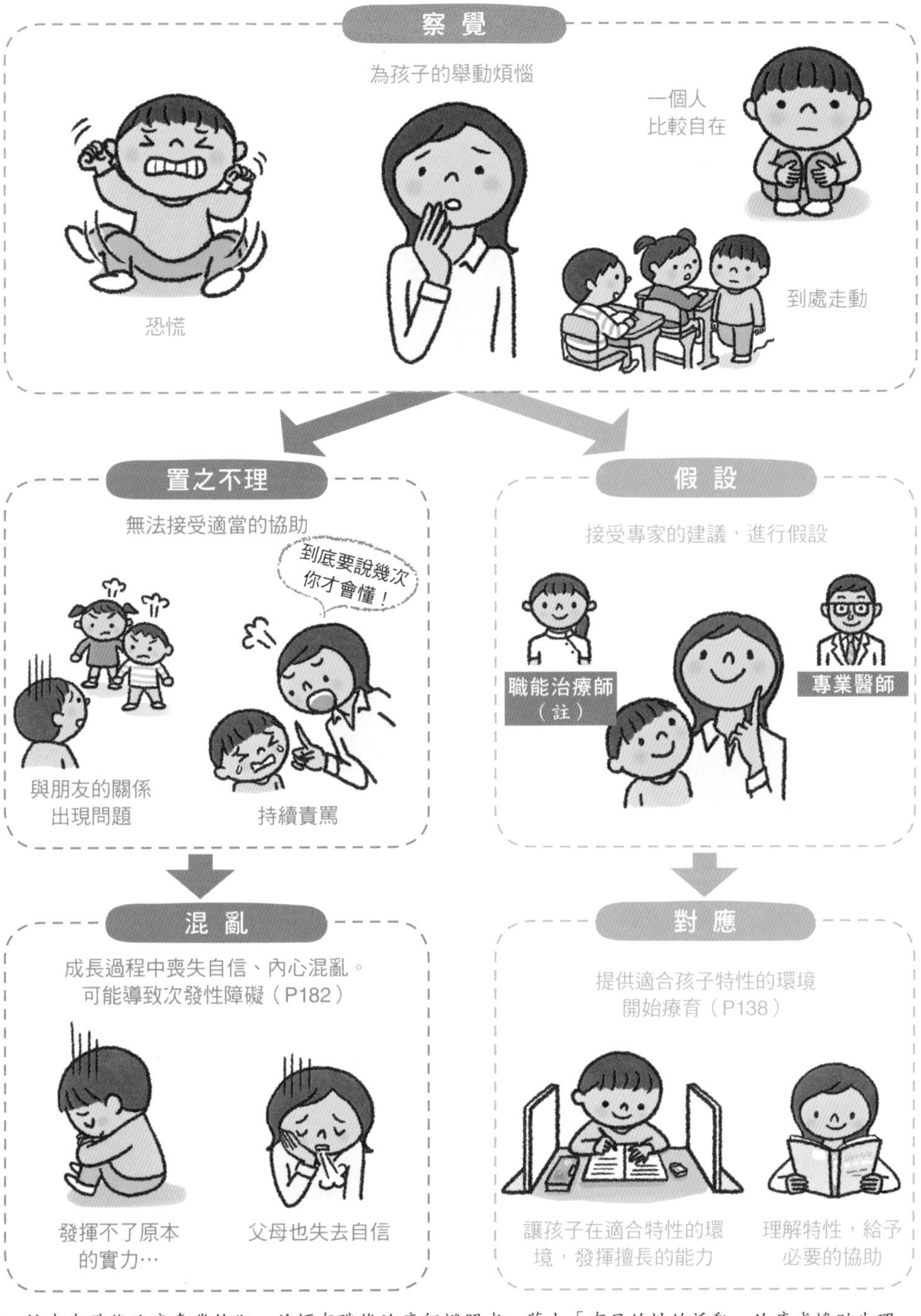
察覺
為孩子的舉動煩惱
恐慌
一個人
比較自在
到處走動
置之不理
無法接受適當的協助
到底要說幾次
你才會懂！
與朋友的關係
出現問題
持續責罵
假設
接受專家的建議，進行假設
職能治療師
（註）
專業醫師
混亂
成長過程中喪失自信、內心混亂。
可能導致次發性障礙（P182）
發揮不了原本
的實力…
父母也失去自信
對應
提供適合孩子特性的環境
開始療育（P138）
讓孩子在適合特性的環
境，發揮擅長的能力
理解特性，給予
必要的協助

註：擁有有職能治療專業技術，並領有職能治療師證照者。藉由「有目的性的活動」治療或協助生理、心理、發展障礙或社會功能上有障礙的人，使其獲得最大的生活獨立性。此職業與「復健科醫師」並不相同。

應該到哪裡諮詢意見比較好呢？

如果覺得「孩子可能是發展障礙？」，請別獨自煩惱，試著進行諮詢，尋求專家的意見。

兒童精神科或專門診所

對孩子的成長狀況感到不安時，別獨自煩惱，請向兒童精神科或小兒精神科、精通兒童發展的診所醫師諮詢。但是目前這樣的專門機關不足，能夠諮詢的人數有限，為了接受診察，等上好幾個月是很平常的事。

因為「盡早察覺、細心對應」很重要，先去找常去的小兒科醫師，或是居住地區內的保健師諮詢。這些專家從孩子小時候就開始有所接觸，對孩子也有相當程度的了解。加上彼此都認識，溝通上比較容易。若有必要，也可請對方幫忙寫介紹信給專門的醫療機關。另外像是育兒支援中心或地方政府的福利部門等也有相關資訊。

尋找能夠連繫的單位

由於事關孩子的成長，許多父母都會感到不安。醫療、諮詢機關也有所謂的「契合度」。有時最早諮詢的地方，未必是最適合的地方，難免令人氣餒。此時請別放棄，繼續尋找能夠為你物色適當人選的連繫單位。

■專門的醫療科機關

- 兒童精神科
- 兒童心智科
- 精通兒童發展的診所等

■居住地區內能諮詢的地方

- 常去的小兒科
- 衛生所或保健中心
- 育兒支援中心
- 地方政府的福利部門
- 托兒所、幼稚園、小學等

具體傳達擔心的事

專門的醫療機關為了詳細了解孩子的情況，通常診察時間會比較長。不過，還是有時間限制。第一次接受診察時，不少父母及孩子都會感到緊張，建議先把擔心的事條列下來一起帶去。

另外，接受診察時如果有媽媽手冊、幼稚園或學校的連絡簿、成績單、相簿或育兒日記等，可幫助了解孩子的成長過程或平常的樣子，作為診察的參考。孩子有無發展障礙的特性，要從各種觀點判斷。關於發展障礙的「診斷方式」請參考98頁的內容。

到醫院或諮詢處診察時可準備的資料

媽媽手冊或連絡簿、成績單

透過媽媽手冊，可以知道懷孕或生產時的情況、孩子的成長狀況等。至於連絡簿或成績單，記錄了孩子在幼稚園或學校的情形，能夠當作了解平時狀況的參考。

相簿
育兒日記

孩子小時候的照片是怎樣的感覺，作為了解平時狀況的參考。育兒日記裡會寫到不少在意的事，能夠成為了解特性的線索。

給醫師的筆記（寫下孩子的狀況）

待在不同以往的環境，或許會感到緊張。先把孩子令人在意的狀況，或是想確認的事條列下來，就不會漏說或漏問。

筆、筆記本

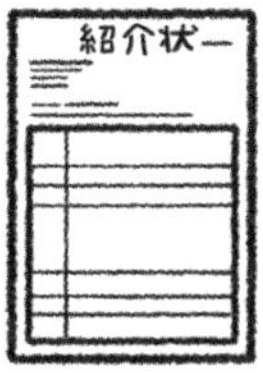

介紹信

嬰幼兒健檢等的檢查報告

健保卡

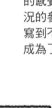

孩子被診斷出有發展障礙時

診斷名稱是讓我們接納孩子一切的指標，
也是幫助我們思考怎麼做才能減輕孩子生活痛苦的契機。

孩子仍有差異，不能以診斷名稱斷定孩子的人生。藉由診斷察覺孩子生活的痛苦，了解他們令人擔心的舉動背後是怎樣的理由，這是重要的第一步。

診斷是了解孩子生活痛苦的第一步

父母就算再擔心孩子，內心總希望「孩子沒有障礙」。身為父母，那是理所當然的心情。懷抱著不安接受診察，聽到醫師說孩子有「障礙」時，那是多大的打擊。不少父母起初無法接受診斷結果，那也是情有可原的反應。

診斷名稱只是孩子的一部分，並非全部。無法接受診斷結果時，不必勉強接受。重要的是，孩子會出現發展障礙的特性，知道這一點或許比較好對應。診斷名稱相同的孩子仍有差異，不能以診斷名稱斷定孩子的人生。

孩子也為了生活痛苦而煩惱。

診斷名稱的正面作用

孩子無法好好說明自己的心情，在家也處於弱勢。孩子的特性可能會讓他們離開家後，在學校等地方難以生存。

診斷名稱也有「讓孩子免於被欺負」的正面作用。有了診斷名稱，旁人就能理解孩子的失敗或生活痛苦並非本身的努力不足或懶惰，也不是父母的教育方式錯誤，而是「孩子的大腦特性」所致。以往那些令人擔心的舉動、不好教的情況也有了一定程度的說明，使孩子不會受到過度責罵。

接納孩子的一切很重要

接納孩子的一切很重要。對於障礙特性造成的失敗或生活痛苦，要抱持「怎麼做才能減輕孩子痛苦」的觀點。

說到「怎麼做？」，會使人產生「〇〇特性就要□□」這種像是「HOW TO」或「指導手冊」的誤解，但本書指的是個人化醫療（tailor-made medicine）。

根據診斷名稱，配合孩子的行為模式累積對應經驗，減輕孩子的痛苦，讓他獲得好的評價。為了協助孩子的生活，將診斷作為參考。

例如，有注意力缺陷過動症特性的小美。她有很多優點，像是活潑開朗、很親近人、愛說話，打招呼時很有精神，運動方面也很拿手。不過，她也有靜不下來、愛鬧脾氣的特性。

有了診斷後，小美能夠保有活動的自由，鬧脾氣時也能被轉換成別種行為。另一方面，開朗活潑、很親近人、運動方面拿手的優點也被突顯出來。這就是很好的作法。

找出孩子更多的優點。

無法被家人理解的時候

通常最早發現孩子有異狀的人是媽媽。然後，媽媽會趕緊閱讀相關書籍等，想辦法解決。可是，就算想去專門機關諮詢，老公卻冷淡地說「妳想太多了」，公婆也責備是自己的教育方式出了問題，最後只好打消念頭。媽媽們心中的擔憂，就算說出來也未必能被理解。這時候，請別獨自煩惱，想想看那都是為了孩子。先從第68頁介紹的醫療、諮詢機關談一談吧。

當聽到「再觀察看看吧」的時候

如果聽到「再觀察看看吧」之類的話，請想成是「陪伴孩子成長，一起仔細觀察」的意思。諮詢也要持續進行，不要中斷。

發展障礙的診斷需要時間

在初診階段，幾乎沒有醫師能斷定「府上的孩子是發展障礙的○○」。孩子的舉動或情況時時刻刻都在改變，成長變化也很明顯。在診間看到的舉動並不是孩子的全部。診察可幫助我們了解孩子、了解家人的想法。

盡量多花點時間讓孩子仔細接受診察。醫師需要時間才能做出正確診斷，「再觀察看看吧」也是這個用意。

與醫療機關保持連繫

聽到「再觀察看看吧」，請想成是『現在無法說得肯定，但有些地方令人在意，請和我一起觀察孩子的情況，一起守護他』的意思，不要輕易中斷諮詢。無論是什麼理由，孩子確實覺得生活痛苦，我們必須仔細思考怎麼做才能減輕他們的痛苦。

具體詢問醫師「觀察期間大概是多久、要注意怎樣的情況、怎麼做比較好」，確認好下次的診察日很重要。得不到預期的結果或對應時，可以尋求「第二意見諮詢（Second opinion，或稱醫療再諮詢服務）」（註），請教其他諮詢或醫療機關的意見。

註：病患被診斷出罹患某種必須做出重大治療的疾病時，為了詳細了解病情，以及就診過程中，治療行為是否適宜的諮詢服務。

要注意什麼情況
觀察期間大概是多久
怎麼做比較好

問完這 3 件事後，
要確認下次的診察日。

3 章

認識「泛自閉症」

什麼是「泛自閉症」？

有泛自閉症特性的孩子，不擅與人溝通，在人際關係上遭遇困難。然而，許多這樣的孩子也擁有出色的能力。

不擅於社交溝通互動

泛自閉症是指，具有自閉症或類似自閉症特性的發展障礙。即便都是有自閉症特性的孩子，顯現方式仍有差異，其特性不會分開，而是有連續性。

這被視為醫學檢查不易發現異常的大腦功能失衡所致。而且並非心理疾病，也不是孩子耍任性或缺乏管教造成的狀態。

泛自閉症主要有兩種特性，「在人際溝通上感到棘手或有困難」、「強烈的偏執或感覺的偏差（敏感、遲鈍）」，雖然這兩種特性在孩子兩歲前會出現，但有個人差異，且會隨著孩子的年齡產生變化，不會全都相同。特性的顯現方式各有所異，亦會隨著孩子的年齡產生變化，不會全都相同。

有時一種發展障礙特性也會與其他特性重疊。因此，理解泛自閉症的特性，有助於理解其他的發展障礙。

基於這樣的觀點，本書在泛自閉症有較多的說明，請各位先詳讀關於泛自閉症的介紹。

主要特性

❶ 社交溝通或人際關係的持續性障礙

與他人互動時，不懂得察覺既定的規則。難以理解對方的表情、動作。在交友及維持關係上有困難。

❷ 重複且固定模式的行動、興趣、活動

重複相同的言行舉止。執著於特定的事物。各種感覺上的偏差（敏感、遲鈍）。

容易對不安感到恐懼

幾位媽媽曾經這麼說，「還不知道泛自閉症之前，我一直不明白孩子為什麼那麼在意聲音或氣味，只覺得他是故意找麻煩」、「每次只要我抱孩子，他就大哭。就算努力想讓他靜下來都沒辦法。和孩子對望，他也不會笑」。

被診斷出有泛自閉症的孩子，經常會感覺世界受到威脅，每天彷彿都過著被壓迫的生活。與孩子相處時，知道孩子有那樣的感受是非常重要的事。

同時擁有出色的能力

儘管內心感到不安，覺得生活痛苦，不少孩子仍擁有優秀的能力。好比語言發展遲緩的孩子，會將看到的事物當成圖像記住，能夠熟記圖鑑等龐大的資料，只聽過一次的曲子馬上就能用鋼琴演奏，或是擅長操作電腦，在喜歡或拿手的事可以發揮出色的能力。

孩子執著於自己有才能或感興趣的事物，或許會成為他們將來的工作。大人要把孩子的興趣或強處當作出發點，盡力協助他們把拿手的事發展成工作，這點也很重要。「孩子喜歡什麼」、「做什麼會讓他感到開心」，以這般心態去面對孩子，自然能夠拉近彼此的距離。

高功能自閉症

一般將 IQ70 以上的自閉症稱為高功能自閉症。只有測定智商時，IQ70 以上就是判斷基準。雖然這代表智力上並無明顯的發展遲緩，並不表示基本特性屬於輕度。

Q&A

Q 何謂泛自閉症？

A 泛自閉症是一九四三年由美國的精神科醫師里奧肯納提出。肯納醫師針對有社交困難、不擅言語溝通、對路線或物品的擺放等有所堅持、在數學或記憶方面表現出色的十一名孩子發表了報告。他將不易對他人產生興趣、喜歡獨處的傾向用「自閉」一詞說明，令許多人誤會這是一種心理疾病，但肯納醫師認為泛自閉症是與生俱來的障礙。

Q 泛自閉症存在於所有的文化、種族嗎？

A 據說有泛自閉症特性的孩子，在任何文化、種族皆為一萬人當中約15～20人。此外，在男女比例上幾乎都是「男4：女1」。泛自閉症被視為與生俱來的大腦功能障礙，為何會是這樣的比例，目前尚未明確化。

不懂得察言觀色、體諒他人心情

有泛自閉症特性的孩子，無法理解看不到（非具體化）或無法圖像化的事物，難以察知當下的氣氛。他們並非故意表現出失禮的態度。

無法理解「非具體化」的事物

自然形成的規則是指大家共有的「常識」。例如到餐廳用餐，不會隨便坐別人的位子，或是闖進廚房、亂碰收銀台。因為我們能夠區分「自分的領域」與「自己的領域」，以及「可進入的場所」與「不可進入的場所」。

但是，有泛自閉症特性的孩子，無法理解看不到或無法圖像化的事物，所以即便沒有惡意，仍會毫不在乎地闖入他人的領域。

不擅察知當下的氣氛

就算是年紀小的孩子，被罵了也會不安地問「你還在生氣嗎？」，確認對方的感受。而且，如果年紀再大一點，遇到不知該如何處理的情況，就會靜靜等待，讓自己適應那樣的情況。像是參加葬禮等氣氛嚴肅的場合，即使不知道理由，從周遭大人不同於平日的表情，就會知道這時候要保持安靜。

可是，有泛自閉症特性的孩子，不太能察知當下的氣氛。因此，正在被罵或參加葬禮的過程中，想唱歌就會唱出來，想到好笑的事就會放聲大笑。

不會察言觀色

當孩子做出超乎常理的事，有時會被口頭警告，但現代社會不如以往嚴謹，加上盡可能避免與人發生衝突或糾紛的心態，有時會用「皺眉」、「不悅的表情（瞪視）」、「離開現場」等態度表達自己的感受。

但是，有泛自閉症特性的孩子，不懂得從對方的表情、態度了解其感受。有時難免會遇到「不透過語言溝通互動」的情況，但他們不會察覺自己正被對方嚴格審視。

不懂得變通，時常無意得罪他人

有泛自閉症特性的孩子，不懂得因應當下的情況，改變自己的舉動或對話內容。

面對初次見面的人，不知如何拿捏尺度。因此，雖然沒有惡意，如果是自己想知道的事，就算是初次見面的人，也會突然問對方的體重或家裡有幾間房間等比較私密的事情。

此外，為了培育道德感，父母會告訴孩子「不可以說謊」，於是看到比較胖的同學就會誠實地說「你好胖喔」，其實他沒有惡意。孩子的確沒說謊，但那樣的話卻讓聽到的人難過，可是對他來說，想傳達「事實」的念頭勝過顧慮對方的感受。

淺顯易懂的傳達很重要

假設在某個演奏會的現場，有個孩子察覺到周圍的情況，所以會保持安靜。然而，有泛自閉症特性的孩子不會察覺周圍的情況，可是當他聽到廣播說「請各位保持安靜」時就會乖乖照做。

孩子在演奏會開始前都能表現得安靜有禮，假如孩子可以自然配合當下氣氛做出適當舉動，大人能用正確簡潔的說明讓他們理解，那種正確的態度會令對方留下好印象，建立起良好的人際關係。重要的是，孩子「是否確實理解某些特定情況」。因此，淺顯易懂的傳達非常重要。

察覺周遭的氣氛

聽到現場的廣播後

↓

停止說話（達到正確的理解）

↓

合宜的禮儀建立起良好的人際關係

無法順利溝通

有泛自閉症特性的孩子，不易對他人產生安心感，透過語言或接觸的溝通也顯得吃力。

有時會覺得孩子很難管教

透過會話或表情的溝通，好比傳接球。舉例來說，當我們向對方傳達訊息時，感覺到對方的感受，進而改變對話內容或表情。於是，對方也會回以相同的反應。

但是有泛自閉症特性的孩子，因為大腦功能失衡，不懂得傳接球似的溝通方式，對母親及周圍的人難以產生安心感或依賴。

由於不清楚這是暫時性的情形，或是泛自閉症的特性，不少父母會感到心力交瘁，覺得「我的孩子好難教。真不知道該拿他怎麼辦才好」。

對他人缺乏關心

小寶寶「肚子餓了」、「尿布濕了不舒服」會用哭鬧的方式表達，尋求適當的照顧或保護。

與最親近的媽媽或家人接觸、得到安心感後，會想尋求更多接觸。懂得靠眼神接觸溝通後，被哄了會笑，學會爬行就會跟在媽媽身後「黏緊緊」。另外，興趣或關心、感情的共享，稱為「共同注意力（joint attention）」。小寶寶看到眼前有蝴蝶在飛，會用手指著要身旁的人看。

可是，有泛自閉症特性的小寶寶，對他人缺乏關心，加上強烈的不安，不會主動去做那樣的事。即使蝴蝶飛來，也不會用手指出來，就算媽媽指著蝴蝶，他也不會看。

無法共享興趣或關心。

不太會開口說話

有泛自閉症特性的孩子，有些不太會開口說話。即使有想玩的玩具，也不會跟媽媽說「幫我拿玩具」，只會拉著媽媽的手，走到放玩具的地方。這種情況叫做「crane現象」（註）。

此外，有時會單方面持續說著自己想說的話，或是不斷說著他們覺得聽起來舒服的詞句。

無法理解對方說的話時，會直接重複對方的話。這種情況叫做「仿說現象（echolalia）」。

不過，不開口說話不代表孩子沒有想傳達的想法。雖然有話想說，卻不知道如何用言語表達，想想他們的心裡會有多焦躁。讀過有泛自閉症特性的人寫的書就會知道，即使不擅於言詞，他們擁有具邏輯性且情感豐富的內心世界。因此，我們要以察覺泛自閉症特性的孩子內心的觀點，仔細思考孩子想說的話，這點非常重要。

拉著大人，走到放著想要的物品的地方「crane 現象」。

註：「crane現象」偏向心理學名詞，意指單一的要求手段，也可解釋為起重機式的要求，例如嬰幼兒表達任何需求都是用同一種方式（用母親的手去拿東西）。

重複對方說的話「仿說現象」。

執著於特定的事物

面對未來的不安，無法發揮想像力去克服，任何一點小事都會覺得不安。

此外，也有專家表示，孩子是從偏執產生的規律性或身體感覺，感受到美感或舒適感，於是出現重複的言行。

當孩子出現偏執的行為，即便旁人想阻止也阻止不了。被迫停止反而會造成更大的不安，讓他們鬧脾氣或恐慌。

藉由某種偏執讓自己安心

有泛自閉症特性的孩子，不懂得發揮想像力思考，一點小事就很容易不安或緊張。一般人對於預期外的事會感到興奮、喜歡驚喜，他們卻很難有那樣的感情，他們只希望每天都一如往常。

但是，生活中出現突然的變更是家常便飯的事。因此，遇到難以預測的狀況時，他們會變得偏執，反覆地想、寫或說特定的事物，重複相同行為，也許是想藉此讓自己感到「一如往常」，減緩內心的不安或緊張。

有時沒辦法「一如往常」，孩子會感到很不安。

喜歡收集、排列

記憶龐大的知識等行為也是偏執的表現。偏執的對象很多，如車子、電車、公車、飛機、交通號誌、日期、數字、地理、符號、書本、轉動的物品、發光的物品、特定的電視節目、電腦等。

多數的共通點是，形狀或圖案不會改變。例如，默記車站站名或世界國旗，記得住不合年齡的圓周率或國字、英文單字。此外，有些孩子喜歡把收集的模型車等物品，按照自己的秩序排列。

有時比起玩玩具，更喜歡排列。

有時會熱衷於某些動作，或是堅持某種規則

有些孩子會一再重複相同的動作。

搖擺身體、旋轉、甩手、在沙發或床上跳來跳去，有些孩子會一直重複相同的動作。有些孩子則會不停甩繩子、聞東聞西、盯著特定的物品或空間（細縫間的陽光等）、喜歡摸水或沙子。這樣的行為稱為「刻板行為（stereotypy）」。

另外，因為有規則比較容易預測事情，可迴避變化造成的不安或恐慌，有些孩子一旦記住了某種規則就會嚴格遵守。

不過，規則是讓大家愉快生活的基本，並非絕對條件，所以要視情況變通。但是對有泛自閉症特性的孩子來說，變通是非常隨便的事。

無論什麼樣的規則總有例外，有些狀況可以稍微破例，為了讓孩子接受這一點，傳達者與孩子之間必須互相理解，建立互信的關係。在取得信任前，盡可能別讓有泛自閉症特性的孩子感到困惑，以耐心保持互動。

各種感覺出現偏異

部分有泛自閉症特性的孩子，有著非常敏感的感覺，旁人幾乎不會察覺的刺激，他們都能強烈感受到，並且產生極大的壓力。

各種感覺出現偏異、甚至無感

我們會透過視覺（看）、觸覺（摸）、聽覺（聽）、味覺（品嚐）、嗅覺（聞）等感覺，感知外界、獲得各種資訊。部分有泛自閉症特性的孩子，因為有各種感覺的偏異，旁人幾乎沒感覺的刺激，他們會覺得很強烈，進而產生莫大的壓力。過度敏感的感覺，有時是造成孩子鬧脾氣或恐慌的原因。

感覺的種類或感度的強弱因人而異，有些孩子聽覺敏感、觸覺沒問題，有孩子觸覺敏感，對氣味卻不在意。

而且，同一個孩子在不同的場所或時段，感受度也會出現變化。疲累或空腹、有壓力的時候，感覺容易變得敏感，有時早上很正常，到了下午就變得很難受。

相較於感覺敏感的孩子，有些孩子卻感覺遲鈍，像是割傷流血了也渾然不知，夏天仍想穿厚毛衣等。這樣的感覺偏異無法靠努力或毅力改善，必須要有深入的理解與關懷。

不易感覺溫度的變化，有時穿著不合季節的衣服也無所謂。

1 視覺敏感

很難從眾多的物品中找出單一物品。在意日光燈的閃爍、看到白紙上的黑字覺得很刺眼，有時會覺得人臉看起來像是畢卡索筆下的二次元馬賽克畫。因此，集中不了注意力、沒辦法好好閱讀、無法與人眼神接觸、對視。

有些孩子會覺得教科書上的字很刺眼。

2 觸覺敏感

內衣或T恤的標籤、縫線有時會造成肌膚刺激。

衣服的標籤、襪子或內衣的縫線、皮膚碰到比較粗糙的布料會刺癢、灼痛。所以會想一直穿著舒服的衣服，或是想脫掉感覺刺激的衣服。此外，有時被人或物品稍微碰到就會痛得受不了。因此，當朋友不經意碰到肩膀，他們會露出非常痛苦的表情。

3 壓覺敏感

雖然是溫柔的擁抱，卻覺得像是快窒息般的強烈壓迫。輕輕握手卻覺得很痛，

戴上帽子，感覺頭被緊緊勒住。所以，有時媽媽出自關愛想抱孩子，孩子卻躲開表現出討厭的樣子。另一方面，有些孩子要被抱得很緊才會感到安心。

有些孩子被擁抱會覺得有壓迫感。

4 聽覺敏感

聽到大聲的音量，會有種像在牙科被醫生用鑽子治療蛀牙般的強烈抽痛感，或是宛如聽到轟然巨響。所以，有時身處人潮眾多的熱鬧場所，會很想摀住耳朵，擋掉周圍的聲音，以及做出如81頁的刻板行為，這會讓孩子感到安心。

此外，聽不懂說話速度快的人在講什麼，很難在許多聲音中只聽單一的聲音。車站或超市、教室等場所裡出現的各種聲音，聽起來音量都相同，因此感到非常混亂。

聽到音量大的聲音會忍不住摀住耳朵。

5 嗅覺敏感

有些孩子很抗拒學校的營養午餐或廚房傳出的氣味。

學校的廚房、擺放運動器材的倉庫等，無法接受那些場所的強烈氣味，甚至會有想吐的情況。就連多數人覺得好聞的烤麵包香味，有些孩子聞了卻覺得難受。

另一方面，由於熟悉的物品會感到安心，有些孩子從食物到衣服等任何物品都習慣先聞一聞，藉以確認周遭的狀況。

6 味覺敏感

覺得一般的調味太重，只喜歡吃清淡的食物、偏愛吃特定口感（軟硬度）或溫度的食物。有些食物吃起來像在吃沙，或是覺得很黏。此外，對外觀也很挑剔，總是只吃特定顏色的食材或相同包裝的商品。因此有時會變得偏食。

多數人覺得好吃的食物，有些孩子沒辦法吃。

7 痛覺遲鈍

不太會覺得痛，有時會抓到滲血。

由於痛覺遲鈍，不了解身體的底限，有些孩子不容易感覺痛。所以可能會抓身體抓到滲血、用力咬自己的手臂等。就算受傷也不太會覺得痛，即使受傷嚴重也一付不在乎的模樣。

而且，恐慌發作時，會出現傷害、弄痛身體的行為（自殘）。

8 平衡感不佳

內耳保持身體平衡的機能無法順利發揮作用，導致孩子姿勢不良、趴在桌上。

因此，孩子會變得不靈活、運動不拿手，這樣的狀態容易給人「沒精神、有氣無力」的印象。不過，有些孩子就算旋轉也不會頭暈、想吐。

經常姿勢不良，被誤解為「懶散」。

對圖像化的事物反應激烈

有泛自閉症特性的孩子，不易記住口語等聲音方面的資訊。比起口述，用具體的圖像或文字傳達更容易讓他們理解。

比起聲音，圖像更能傳達意思

有些孩子比起聲音，更容易記住文字或圖像。針對某個場所或某件事，與其聽別人說，透過照片或自己親眼確認更能清楚了解，你我都有過這種經驗。許多有泛自閉症特性的孩子，都是「百聞不如一見」的思考模式，容易圖像化的事能夠很快記住。

被診斷有自閉症的全美頂尖動物學家天寶・葛蘭汀博士其著作中曾提到，語言暫時被「翻譯」成「圖畫」才能理解內容。例如，聽到「狗」這個字，以往看過的狗照片會像彩色投影片般在腦中逐一浮現。然後，從記憶中眾多的狗照片裡找出共通點，形成「狗」的概念。而且，在她腦中即便是複雜的物品也能轉換成虛擬實境般的三次元形態，就連機械的平面圖也能在腦中組裝、試運轉。

儘管不是所有人都有出色的視覺思考，但多數有泛自閉症特性的人，對事物的看法或記法，與我們有著很大的差異。有些人不容易記住聲音的資訊，聽完即忘。想傳達事情時，必須用圖像或文字等眼睛能看到的方式呈現。

紅紅的、
圓圓的水果？
單純口述
聽不懂
是蘋果啊！
用眼睛看得到的方式
比較好理解

預期外的變化令孩子痛苦

有泛自閉症特性的孩子，容易因為些許的變化感到不安或緊張。他們希望每天都一如往常，別發生想像不到的事。

發現東西不在原本的位置……

孩子會感到恐慌

能夠預測就會安心

能夠預測，孩子就會覺得事情「一如往常」、「如我所想」而感到安心。可是，一旦發生預料外的事，就會手忙腳亂、不知所措，或是恐慌發作，彷彿隨時都要大哭起來。這就好比，當我們到語言不通的國家，如果有導遊陪伴就能放心地旅遊。若是自助旅行，途中弄丟了錢包和護照，那會是怎樣的心情？肯定很慌張對吧。即使對我們來說只是不起眼的小事，對孩子卻是極大的困擾。

不擅於想像未來

任何人對未知的事都會感到遲疑，有泛自閉症特性的孩子，就算只是些許的變化也會很不安。那是因為，對於看不見的事或未來的事，他們無法預想「可能會變成這樣」、「或許會發生那樣的事」（想像力的障礙）。不安或緊張減少，比較容易發揮原本的實力，所以當預定事項有變動時，如教室的移動或上課內容有無變更等，提早以簡單易懂的方式說明很重要。

無法了解含糊、抽象的用語

有泛自閉症特性的孩子，聽不懂語意含糊的話語，或是拐彎抹角的表現、慣用句。如果是容易圖像化的事、具體的事物，他們就能充分理解。

以具體的話語傳達

聽到「好好整理」，我們會解讀成把垃圾撿起來、把散亂的物品放回原位。可是，有泛自閉症特性的孩子，不太能將抽象的表現換成具體的想像，所以他們不懂「好好」是什麼意思。

另外像是「一點點、稍微」、「很快、馬上」等語意含糊的詞彙，或是「溫柔、和平、危險」等不易圖像化的抽象詞彙，以及「時間差不多囉、隨你高興、隨便你」等拐彎抹角的表現、「人面廣」之類的慣用句，他們也很難理解。因此，與孩子對話時，盡可能用簡短具體的話語表達。

照字面的意思解讀

有時孩子會直接照字面上的意思解讀聽到的話，於是分不清楚對方是開玩笑或認真，也不懂對方在嘲諷自己。有些孩子聽到同學開玩笑說「你好笨」會非常生氣，有些則是被挖苦也毫無反應。

此外，就算理解詞彙的意思，卻不知道使用的時機，例如何時該說「早安」、「午安」、「晚安」，聽到「直接回家」，反而會說「不轉彎我回不了家」。

換成孩子聽得懂的話語

即使聽不懂語意含糊的表現，希望孩子動作快一點的時候，可以告訴他「用高鐵（快車）的速度」，他就會知道要加快速度。比起「保持安靜」，使用「把嘴巴的拉鍊拉起來」，這樣的表達孩子更好理解。另外像是「用3號的音量說話」取代「再小聲一點」，孩子比較聽得懂。與孩子對話時，用他們容易理解的話很重要。

令孩子感到混亂的表達方式

慣用句

「忙到想叫貓來幫忙」，這是日文形容「忙得團團轉」的狀況，像這樣的慣用句，有時孩子聽不懂。另外，有些孩子會把記住的慣用句用在毫無相關的地方。

常用語、口頭禪

聽到「直接回家」，有些孩子會說「不轉彎我回不了家」之類的話。他們無法將「直接」解讀成「不要到處亂晃」。

代名詞

「那個」、「這個」之類的代名詞，有時意思會隨情況改變，但孩子無法理解。「幫我拿一下桌上的筆記本」，必須像這樣用具體的說法，孩子才聽得懂。

誇張表現、玩笑話

例如，某個很快就能完成的事，朋友誇張地說「我 1 秒就能做完」，孩子聽了會反駁「你不可能 1 秒就做完」。

拐彎抹角的表現、語意含糊的表現

「時間差不多囉、家裡的人會擔心吧？」，對方像這樣婉轉表達「你該回家了」，孩子卻聽不懂。

否定的表現、命令句

聽到「不可以」之類的否定表現，孩子會覺得受到責罵。另外「快點、快去」的命令句也會讓他們有被罵的感覺。

難以解讀對方的情緒

有泛自閉症特性的孩子，不擅解讀他人的表情或動作、視線、聲調等感情表現。同時，也不太會表達自己的感受。

不易理解對方的心情

有泛自閉症特性的孩子，沒辦法從表情或動作、手勢、視線、聲調等感情表現了解對方的情緒感受。所以就算沒惡意，有時無法察覺對方正在生氣或難過，做出無視對方感受的行為，或是令對方感到煩躁。

在成長過程中，基於顧慮他人的感受，我們會學著別將憤怒、困惑之類的強烈感情表現出來。結果，有泛自閉症特性的孩子隨著年齡增長，越來越不懂得別人的心情。

拙於表達自身的感情

有些話能夠傳達感受，例如好火大、真不甘心、很傷心、真丟臉等。可是有泛自閉症特性的孩子，不懂得將激動的感情轉換成語言表達（概念化）。因此，當內心充滿各種感情時，總是說「走開啦」這樣的話。若是大人還能體諒孩子的心情，但一般的小朋友沒辦法體諒，所以很難拉近距離。

無法解讀當下的氣氛

有泛自閉症特性的孩子，不擅於想像對方的感受。有時會讓人覺得是很任性而為的孩子，但那是大腦功能障礙所致，並不是他們故意要那麼做。因為特性，他們無法想像「自己做了這樣的事，對方會覺得怎麼樣」。

有時服裝儀容很邋遢

以別人的眼光檢視自己，有個專業術語叫做「後設認知」。有泛自閉症特性的孩子，不太能理解眼睛看不到的事物。因此，無法想像「這樣的服裝儀容，對方看了會覺得怎麼樣」。也可說是，比較不會害羞。

假如又是有觸覺敏感的孩子，

就會不想洗澡、總是穿同一件自己覺得舒服的衣服。

父母等周遭的大人要適時幫孩子梳頭髮、換穿乾淨的衣服，以免孩子變得很邋遢。另外，為了讓孩子與旁人建立良好的關係，還是要教導他們保持儀容整潔，這點非常重要，但是，對於有泛自閉症特性的孩子來說，做到這些事情不是件容易的事。

心智理論

推測對方心情的能力，稱為「心智理論」。透過「莎莉安妮（Sally-Annetest）測試」能夠了解孩子是否有為對方著想的能力。

莎莉安妮測試

1

莎莉和安妮一起玩。

2

莎莉把娃娃收進箱子，接著走出房間。

3

安妮把莎莉收進箱子的娃娃拿出來，放進自己的籃子裡，接著走出房間。

4

莎莉回到房間。

那麼，如果莎莉想玩娃娃，
她會從哪裡找起？

從箱子裡找 ↓ 內心理論已經形成

從籃子裡找 ↓ 內心理論可能尚未形成

不能只靠這個結果做判斷，但有泛自閉症特性的孩子，有時因為內心理論尚未形成，無法解讀對方的心情。不過，我們也必須試著去想像自閉症孩子的內心。

無法一心二用、同時進行多件事

有泛自閉症特性的孩子，一次只能做一件事。而且也不太會轉換注意力。

沒辦法同時眼耳並用

同時處理多種資訊，對我們來說是很自然的事。例如，上課時邊看黑板上的字，邊將內容抄進筆記本裡，同時還能聽老師講課。但，有泛自閉症特性的孩子，無法邊看邊聽，一次進行多件事。用耳朵聽別人說話時，眼睛很難接收資訊，用眼睛閱讀書本時，耳朵很難接受資訊。

另一方面，他們很擅長專注於單一事物。例如，老師說「接下來我要把重點寫在黑板上，你們要仔細看」，然後默默寫起黑板。接著又說「請把黑板上的字抄進筆記本裡」，因為要做的事是個別分開，所以孩子能順利完成。沒辦法同時做多件事，就算練習也克服不了，好好活用孩子擅長的能力，給予必要的協助很重要。

不懂如何轉換注意力

有泛自閉症特性的孩子，有時要進行別件事的時候，無法順利「轉移注意力」。像是，對正在專心玩玩具的孩子說「我們去散步吧」，孩子沒辦法立即反應。有時是漏聽了「散步」的部分。這樣的特性在日常生活中，容易給人「不專心」的印象。

突然跟孩子說話，有時他們會漏聽。

難以掌握模糊的空間、時間

「一個場所只有單一用途」，對有泛自閉症特性的孩子來說，那是最安心的狀態。因此，當同一間教室出現別種用途，他們會感到非常混亂。

一個場所太多用途，孩子會感到混亂。

「單一用途」才安心

學校的教室具備各種用途，除了上課、吃午餐，下課時間變成玩的地方，體育課又變成換體育服的更衣室。但我們並不在意，就算是相同場所，也會依時間或場合改變用途。而且，根據過往的經驗，我們也知道在教室上課時不能吃東西或玩。

可是，有泛自閉症特性的孩子，不太能理解眼睛看不到的事物、彙整過去的經驗形成概念。因此，當一個場所出現多種用途，沒讓他們看到「現在是要做什麼？」時，他們會感到很混亂。

不懂什麼是「結束」

有泛自閉症特性的孩子雖然懂得看幾點幾分，對於時間的經過卻很難掌握。

所以，就算告訴他們「課上到○點○分」，因為看不到時間的經過，有時孩子會認為現在進行的活動永遠持續，覺得不安而恐慌。此時，必須讓孩子親眼看到「變成怎樣就代表結束」，例如畫個和教室時鐘一樣的圖，畫出結束的時間。

全身運動或手指不靈活

有泛自閉症特性的孩子，因為大腦的指令無法順利傳給身體，日常生活中會出現動作不靈活的情況。

有時肢體會顯得不靈活

有泛自閉症特性的孩子，大腦的指令無法順利傳至手腳，所以有時會顯得不靈活。

好比我們聽了很多專業歌手的歌，不代表歌喉就會變好。換言之，看到或聽到什麼，不見得能夠辦到。走、跑、坐、維持姿勢等，我們在日常生活中不自覺做出的動作，有泛自閉症特性的孩子也經常表現得不靈活。

全身運動或手指不靈活

有些孩子不了解自己身體的底限，或是手指、腳趾的感覺薄弱，所以不知道嘴巴在臉上的哪裡、哪個範圍是自己的腳、哪兒是地板。這種感覺就類似我們去治療牙齒，牙齦被麻醉後，用手摸嘴巴周圍都沒感覺。

有些孩子待在背部或手臂會擠壓到的狹窄空間會很自在安心，這或許是不了解身體意像（身體底限）所致。

身體感覺薄弱

不懂得出力的方式或力道的拿捏，有時無法獨自穿脫衣服。

沒辦法把腳穿進襪子裡。

有時因為做不到會鬧脾氣。

隱藏性偏執

有些孩子看似沒有偏執的傾向。
有時為了迴避預期外的變更造成的不安或緊張，會嚴格執行記住的規則。

因為無法「一如往常」才察覺到特性

遇到預料外的變化或未預想到的事，任誰都會緊張，有泛自閉症特性的孩子，無法發揮想像力克服對未來的不安，所以容易感到不安或緊張。於是這些孩子，會嚴格遵守各種規則或常規，確認情況「一如往常」，這是讓他們安心的重要方法之一。

有時比其他孩子更早培養好打理儀容或整理打掃、幫忙做事等習慣，其實是因為他們喜歡「一如往常」、希望「一如往常」的偏執，在旁人眼中看來是個良好的習慣。

好習慣會融入日常生活，因此就算是強烈的偏執，乍看之下卻不覺得是偏執。但是當家裡的浴缸壞了，這才發現孩子對洗澡存有偏執。例如門的鉸鍊壞了（門關不起來），這才知道孩子執著於關門這件事。去餐廳吃飯，即使料理的分量吃不完，還是堅持吃完。

相較於有些孩子會養成幫助自己獨立的良好習慣，有時就算在公共場合，仍穿著不合宜的休閒服裝，日常生活邋遢懶散，讓人以為

對事物沒有偏執，其實卻對某些規則或常規相當堅持。

看似良好的習慣，其實是偏執使然。

不同的社會互動表現方式

同樣是有泛自閉症特性的孩子，社會互動的表現方式仍然各有所異。有些孩子的特性並不明顯。

形形色色的孩子

即便是相同自閉症特性的孩子，顯現方式仍有差異，雖然看起來不一樣，但基本部分有連續性。基於這種概念，英國的精神科醫師羅娜溫恩主張，典型自閉症或亞斯伯格症候群、輕度自閉症是「泛自閉症（連續體）」。

部份有泛自閉症特性的孩子，特性的顯現方式各不相同。有些孩子的特性很明顯，有些卻不容易看出來。

社會互動的表現方式大致分為三種

孤立型

叫了也沒反應，自己玩得很投入，彷彿身邊沒有任何人。常見於幼年時期，隨著成長，有時會轉換成被動型或積極型。

被動型

有人找就會一起玩，因為個性溫順，是很難看出有泛自閉症的類型。經常受到周遭不合理的要求，容易累積壓力。

積極型

積極與他人互動的類型。勇敢大膽、非常親近人，有時會說出失禮的話語，或是自顧自地說不停、反覆追問。

有時會合併出現ADHD、LD的特性

有泛自閉症特性的孩子，有時會合併出現注意力缺陷過動症、學習障礙的特性。別太在意診斷名稱，給予適當協助才是重點。

數種發展障礙重疊的情況

有泛自閉症特性的孩子當中，有些可能會有「衝出教室、無法安靜聽人說話」、「說話激動、破壞物品、經常忘東忘西」等注意力缺陷過動症的特性。或是出現「不會讀字、不會寫字、不會計算」等學習障礙的特性。

泛自閉症、注意力缺陷過動症、學習障礙這些發展障礙並無明確的界線。每種發展障礙都有連續性，而且重疊部分很多，有時難以診斷。

不受制於診斷名稱的協助很重要

太在意泛自閉症這個名稱，對孩子的適當協助會被延誤。發展障礙的協助無法標準化。

就算診斷名稱沒有注意力缺陷過動症或學習障礙，仍要好好面對、陪伴每個孩子，了解孩子目前有何煩惱，才能減緩他們的生活不便與痛苦。

當孩子靜不下來或健忘等情形很明顯，或是有不拿手的特定科目時，有耐心且持續給予具體的關懷或協助很重要。

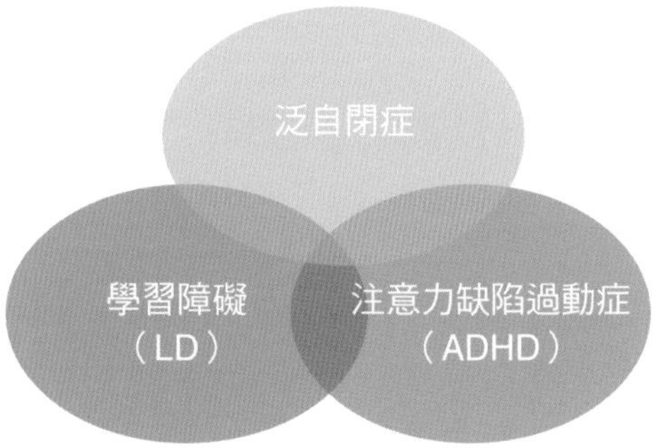

數種發展障礙的特性有時會合併出現。

「泛自閉症」的診斷方式

泛自閉症是不易透過抽血、圖像診斷等發現異常的障礙。
醫師會根據孩子在診間的情況等為線索，對照診斷基準進行診斷。

仔細理解觀察孩子的情況

醫師在診間與孩子對話時，會從他們的反應、回話的程度或內容、是否理解問題的意思、有無眼神接觸等進行確認。

然後，再向平時最常和孩子接觸的父母等親人，詢問孩子的成長歷程、平日在家的情況、在托兒所、幼稚園或學校的情形、符合年齡的自立行為能做到怎樣的程度、目前擔心的事、與其他孩子的不同之處等，這些都會成為參考依據。

在第一次的診察時，父母多半會緊張，先將在意的事條列下來，一起

第一次診察難免會緊張，先將在意的事條列下來，一起帶去比較好。

帶去比較好。此外，媽媽手冊或相簿、育兒日記或連絡簿等，可當作了解孩子成長過程或平日狀況的線索，能夠讓醫師作為診察的參考。

注意力缺陷過動症或學習障礙的診斷方式和泛自閉症的方式相同，以觀察孩子、收集與孩子成長有關的資訊為主。

有時也會進行智力測驗或發展評量。

對照診斷基準，進行確認

進行診斷時，除了將孩子在診間的情況以及父母的談話當作線索，也會對照診斷基準。主要使用的診斷基準是美國精神醫學學會制定的《DSM-5精神疾病診斷準則手冊》。有時也會用世界衛生組織（WHO）制定的「國際疾病傷害及死因分類標準第十版（ICD-10）」。

不過，是否符合診斷基準的判斷並不容易，泛自閉症所顯現的特性依程度有很大的差異，單憑一次的診療無法看到所有特性。必須藉由多次的面談，經過一段時間的觀察才能確定診斷名稱。

重要的是，接納孩子的一切。診斷名稱只是孩子的一部分，並非全部。得知孩子的診斷名稱後，請參考「孩子被診斷出有發展障礙時」的內容，思考怎麼做會讓孩子的生活好過些。

關於 DSM

- DSM 是由美國精神醫學學會出版的《精神疾病診斷準則手冊（The Diagnostic and Statistical Manual of Mental Disorders）》。
- 2013 年 5 月將以前的 DSM4 版（DSM-IV-TR）修訂為 5 版（DSM-5）。主要的變更如下：
  - ・重度自閉症及亞斯伯格症候群皆列入「泛自閉症」。
  - ・用於診斷的項目從多軸項評估縮小為「社會性的溝通障礙」與「限定的興趣或反覆行為」。

透過健檢發現特性的情況

在日本，除了嬰兒、一歲六個月及三歲幼兒的健康檢查（健檢），為了幫助孩童順利開始小學生活，越來越多地方政府也施行五歲兒童的健檢。

日本全國的地方政府會對嬰兒、一歲六個月及三歲幼兒施行健康檢查。健檢是以「適當發現（在出現發展障礙特性的時期適當檢出）」的觀點，針對可能有發展障礙特性的孩子，進行專業醫師的診察，或是地區療育中心等的療育。

近年來，除了這些健檢，越來越多地方政府在就讀小學前，施行五歲兒童的健檢。那麼做是因為，三歲幼兒的健檢後，孩子在托兒所或幼稚園等的團體生活機會增加，輕度的泛自閉症或注意力缺陷過動症、學習障礙等的特性會變得明顯。

假如在未發現發展障礙特性的狀態下開始小學生活，孩子在學習方面會出現遲緩、無法集體行動，甚至成為被霸凌的對象，孩子本身與家人都會感到困惑、失去自信，覺得生活痛苦。

為了改善這樣的狀況，越來越多地方施行「五歲兒童健檢」。只要周遭的人深入了解孩子的特性，給予適當的協助與關懷，發展障礙的特性就會變得不明顯。

透過入學前的新生健檢，有時可以發現發展障礙的特性。不過，診斷需要時間，所以療育的進行也會被拖延。盡早發現，對父母、對孩子即將就讀的小學來說，在理解孩子的特性上有充裕的時間，也比較好調整學校生活的協助與支援體制。

註：為了讓家長能在日常生活中更即時的掌握兒童發展情形，臺北市政府衛生局全國首創以七種語音導覽（國、臺、英、客、越、印及泰語）及有趣互動圖像建構之「兒童發展圖像篩檢互動網（http://e-screening.health.gov.tw/）」網站，提供新移民及家長只要使用電腦、智慧型手機連結該網站，即可不受時間、地點限制，即時掌握兒童發展情形。

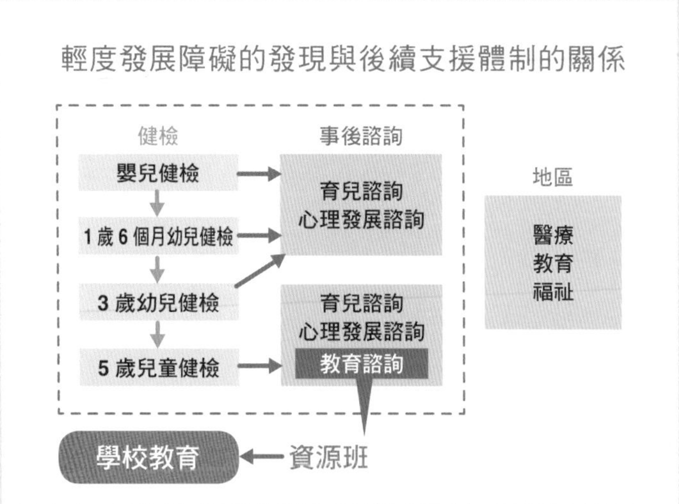
輕度發展障礙的發現與後續支援體制的關係
健檢
事後諮詢
嬰兒健檢
1 歲 6 個月幼兒健檢
3 歲幼兒健檢
5 歲兒童健檢
育兒諮詢
心理發展諮詢
育兒諮詢
心理發展諮詢
教育諮詢
地區
醫療
教育
福祉
學校教育
資源班

本圖是根據「輕度發展障礙兒童的發現與支援手冊（厚生勞動省）」製作而成。

有關兒童發展及教養的參考書籍

面對不同發展障礙特性的孩子，父母能為他們做什麼呢？
以下提供各種觀點的書籍，提供給父母參考並深入理解。

我看世界的方法跟你不一樣

天寶・葛蘭汀（心靈工坊）

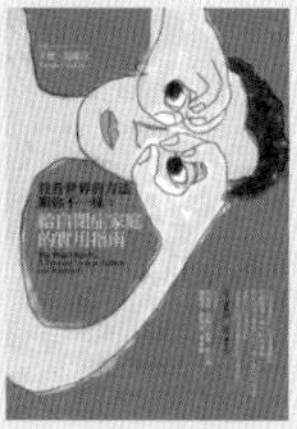

有自閉症的作者，同時也是出色的動物學家。她以自身見解說明如何發揮自閉症特有的能力。

301 個過動兒教養祕訣

王意中（寶瓶文化）

由特教界知名心理師執筆，提供給父母 15 個過動兒教養 Q&A 以及 20 個延伸協助指南。

不一樣的孩子心理學

王佳（采實文化）

以 60 個心理學理論切入，了解孩子行為背後的原因，從「根本」找到正確的解決方法。

教養，從改變說話口氣開始

若松亞紀（采實文化）

父母對孩子說的話，是影響成長的關鍵。本書將列出對孩子說哪些話，可以創造有意義的教養。

教出孩子的自信，從「父母的口頭禪」開始

金盛浦子（采實文化）

25 年臨床心理師專業引導，50 個父母一定要說的「教養關鍵句」，讓孩子更有自信，快樂成長。

兒童人際發展活動手冊

史提芬・葛斯丁瑞雪兒・雪利（健行）

特別為二至八歲孩童設計，以遊戲帶動亞斯伯格症、自閉症、PDD 及 NLD 孩童的社交與情緒成長。

星星小孩，擁抱陽光

蔡文哲（心靈工坊）

介紹自閉症的知識，從發現、特徵、診療等，並引用案例故事說明自閉症兒童的多樣性和潛能。

家有過動兒

高淑芬（心靈工坊）

幫助父母了解過動兒的行為模式，深入淺出地敘述，並搭配圖表、過動症小常識等貼心設計。

媽媽一定要學會的關鍵 33 句話

谷愛弓（采實文化）

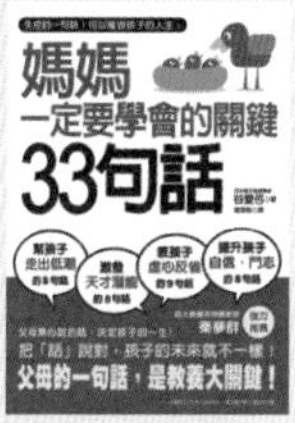

列出父母一定要會對孩子說的教養金句，讓爸媽不再因為失控說話而傷害到孩子心靈。

※以上書籍為采實出版社為台灣讀者列出相關兒童教養類之參考書籍。

給予孩子應對協助的重點

就像所有的發展障礙一樣，泛自閉症的特性無法完全治癒。
只要周遭的人給予適當的對應與協助，就能減緩孩子生活的痛苦。

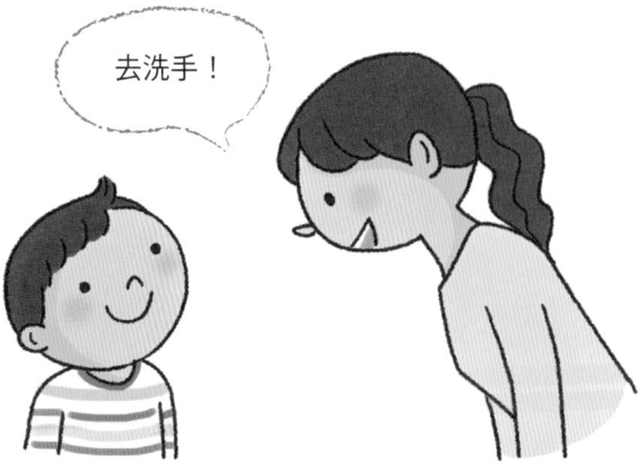

重點

準備孩子能夠安心的環境

聽覺敏感的孩子，會一直被看得見或聽得見的事物影響。為避免分心，準備毫無裝飾的安靜空間，盡可能一個場所只用於單一用途。

重點

表達方式簡潔一致

常將聽到的話照字面解釋，對於拐彎抹角的表現或慣用句、代言詞等，容易感到混亂。所以要「慢慢地」、「用簡短的話」、「具體」傳達，若是重複相同的指示，表達方式必須一致。

重點

活動段落的明確化

缺乏時間概念的孩子，不懂時間的經過，知道「何時是結束」，他們就會安心。例如「寫完二張講義就結束了」，像這樣以看得見的方式傳達活動的結束。

重點

透過視覺傳達活動的流程

若是些許變化就會感到不安的孩子，能夠預測會讓他們安心。此外，比起聲音，對文字或圖像比較容易理解，所以用圖畫或照片展示預定的活動，他們就會放心參與。

重點

恐慌發作時，冷靜對應

孩子恐慌發作時，盡量別將注意力放在恐慌這件事上，帶他去安靜的場所，等他冷靜下來。等到恐慌停止，稱讚孩子「你很努力」。

重點

讓孩子樂在其中

興趣、關心範圍小的孩子，利用其關心的事物也是方法之一。例如，喜歡電車的孩子，把電車結合數學題目讓他練習，逐項進行，完成了的成就感會培養孩子的鬥志。

重點

適合孩子的療育

減緩泛自閉症特性的療育方式很多，當中具代表性的有，結構化教學法、感覺統合治療、應用行為分析等，由專業人士提供具體建議。

重點

幫助孩子擴大興趣範圍

如果孩子總是玩相同的遊戲，不要制止他，而是當他在玩遊戲時，引導他去玩別的遊戲。假如孩子不願意，千萬別勉強，這點很重要。慢慢擴大關心的範圍，能幫助孩子理解廣大的世界。

關於「亞斯伯格症候群」

雖然亞斯伯格症候群已列入自閉症光譜，本文要介紹的是亞斯伯格症候群的特性。

沒有語言發展的遲緩

亞斯伯格症候群已被列入泛自閉症。但是有些人能夠使用語言進行基本溝通，智力發展沒有遲緩（IQ 70以上），學童時期難以察覺障礙。此外，因為我行我素，有時會讓人產生「想做就做得到，難道是故意不做？」、「是不是故意沒禮貌」的誤解，孩子本身也經常煩惱「為什麼無法和朋友親近」、「為什麼老是惹人生氣」。

亞斯伯格症候群是一九四四年由奧地利兒科醫師漢斯亞斯伯格所提出。其論文中提到的孩童特徵與

美國精神科醫師里奧肯納所報告的「自閉症」有許多相似點，但在語言溝通及智商高這兩點出現差異。

亞斯伯格症候群的論文，早在第二次世界大戰時以德語發表，但肯納醫師的自閉症論文是英語版，更快受到世人關注，使得亞斯伯格症候群長久以來被忽略。

但是，一九八一年英國精神科醫師羅娜溫恩，在其論文中介紹了亞斯伯格症候群的論文，儘管肯納醫師的自閉症定義不夠嚴密，仍有孩子需要與自閉症相同的協助，於是社會大眾開始知道亞斯伯格症候群的存在。

Q&A

Q 與「高功能自閉症」有何差異？

A 高功能自閉症的特徵是，IQ 70以上、智力發展沒有遲緩，但語言發展有遲緩。這點和亞斯伯格症候群就有落差。不過，如前文所述，本書主張亞斯伯格症候群與高功能自閉症，基本上都是屬於有連續性障礙的自閉症譜系障礙。

有些孩子語言發展快速

自閉症光譜當中，有亞斯伯格症候群特性的孩子，沒有語言發展遲緩，懂得用艱深的詞彙，說話方式成熟。

獨特的說話方式

泛自閉症當中，有亞斯伯格症候群特性的孩子，語言發展沒有遲緩，有時甚至更快速。說話時的表情或音調、節奏沒問題，卻會使用令大人感到驚訝的艱深詞語，或是愛講道理、不符合年齡的成熟說話方式。

說話內容很有條理，但自我感情的表現只有單一模式，或是對事物堅持分出是非對錯。此外，若是自己想說的事，不分時間場合說個不停，不給對方回話的餘地。對旁人缺乏關心，有時對方改變話題或打斷自己說話就會生氣。

可是，這樣的行為並非自私，也許是不想省略想說的話，想完整表達出來。

說清楚講明白，孩子比較聽得懂

自閉症光譜當中，有亞斯伯格症候群特性的孩子，不懂拐彎抹角的表現或比喻式的表現，也不太會從表情或口氣、動作解讀對方。

但另一方面，能將聽到的話照字面的意思接受，因此有想傳達的事情時，說得簡短直接，他們比較聽得懂話中真意。

喜歡與大人對話

比起同齡的孩子，更喜歡與大人對話。因為大人會配合自己，讓他們感到沒壓力。

診斷上已不見「亞斯伯格症候群」

日本於二〇〇五年施行的「發展障礙者支援法」，文中出現了「亞斯伯格症候群」一詞，於是變得廣為人知。不過，二〇一三年五月修訂的美國精神醫學學會診斷基準DSM-5《精神疾病診斷準則手冊》當中，「亞斯伯格症候群」這個名稱消失了。因為這個診斷基準在日本也廣為使用，對日本的臨床現場或支援方面想必會造成影響。

4 章

認識「注意力缺陷過動症」

注意力缺陷過動症（俗稱多動症或過動兒）

因為大腦功能障礙，總是動來動去、靜不下來，一再提醒卻依然故我，有時突然做出衝動的行為。

當孩子出現三種主要特性

ＡＤＨＤ是Attention deficit hyperactivity disorder的縮寫，中文稱為「注意力缺陷過動症」。

注意力缺陷過動症有三個主要特性，過動（活動量過多）、不專心（注意力渙散）、衝動（自制力弱），因此孩子總是動來動去、靜不下來，一再提醒卻依然故我，有時突然做出衝動的行為。孩子十二歲前，如果在托兒所、幼稚園或學校、家中等兩個以上的生活場所出現上述症狀達六個月以上，可能就是注意力缺陷過動症。

不過，這三種症狀不會全部顯現。有時候是出現強烈的過動，或是數種症狀以差不多的程度顯現。

主要特性

雖然有三種主要特性，
但並非三種都會顯現。

Q&A

Q 孩子為何會有注意力缺陷過動症？

A 尚無特定的原因，目前最有力的說法是，因為大腦功能障礙，造成多巴胺（一種腦內分泌物，可影響情緒。因為會傳遞快樂、興奮的情緒，又稱為快樂物質。）這種腦內取得連繫的「神經傳導物質」不足，使得大腦控制多種功能的前額葉皮質無法好好發揮作用所致。

活力充沛或健忘等情況一旦過了頭，孩子與周遭的人會變得處不來。

孩子的個性開朗活潑

具有注意力缺陷過動症特性的孩子，開朗活潑。易親近人、情緒亢奮，總是以積極的態度為周遭帶來愉快的氣氛。

但是，那樣的優點一旦過了頭，孩子將難以適應學校的現況或社會制度。因為常被責罵，孩子會喪失自信，陷入孤立狀態。

孩子的內心也很難受

曾經有個小學三年級的女孩，因為注意力缺陷過動症的特性在班上受到霸凌。

得知她的遭遇後，我說「他們真的好過份喔」，她卻笑咪咪地回道「我都不理他們」，但掛著笑容的臉上，滾落了豆大的淚珠。具有注意力缺陷過動症特性的孩子，有時會露出這種「含淚帶笑」的表情。孩子會告訴自己一定要堅強。可是，怎麼做都沒辦法的時候，那種無奈的心情就會化作「含淚的微笑」。

父母與師長也很煩惱

維持情緒穩定、時時刻刻留意、不要著急保持冷靜……。智力發展沒有遲緩的注意力缺陷過動症的孩子，對於這種生活方式很難適應。一般人常誤以為孩子是故意的，或者認為是缺乏管教、父母關愛不足所致。

其實，父母親也是屢屢遭受「用心對待卻苦無回應」的挫折。常與孩子接觸的老師等相關人士也承受著周圍的期望，被要求「更細心對待孩子」。

大人面對有注意力缺陷過動症特性的孩子也得不到回應，那樣的心情和有注意力缺陷過動症特性的孩子是相同的。他們的特性無法靠努力或毅力獲得改善，更不是責怪某人就能解決。深入理解孩子，給予充分協助才是必要之務。

無法靜下來（過動）

無論情況如何，總是動來動去，活動力異常旺盛。多話也是過動的表現。

活潑好動是孩子的天性

小孩子本來就好動，沒辦法長時間靜靜待著。那是因為孩子心臟的幫浦功能尚未發育完全，流至下半身的血液無法順利流回心臟，動來動去會活動腳部肌肉，藉此將下半身的血液送回心臟。

「玩」也是如此。原以為孩子很專心在玩，沒想到他卻在打電動、看漫畫、畫圖、玩玩具，不斷做起其他事。這也可說是孩子活潑健康的特徵。

何謂有問題的「過動」？

那麼，「有問題的過動」指的是什麼呢？與同年齡的孩子比較就會很明顯。有注意力缺陷過動症特性的孩子，缺乏臨機應變的能力，不會視情況調整自己的行為。

無論情況如何，一直動個不停（身體的過動）、無法自行控制說話（口部的過動）。有時，周遭的人不能理解那樣的行為是注意力缺陷過動症的特性。即使花時間不斷告訴孩子「上課要乖乖坐在位子上」，仍然不太能改善。

過動的症狀不光是不動就無法安心，有時是身體無意識的動起來，孩子本身無法控制。

因為是「來自大腦正確指令的自然反應」，當孩子聽到「安靜待著」，好比是聽到「不要呼吸待在那兒」。如果相當留意，可以保持極短時間的安靜，但孩子應該覺得非常吃力。

令人在意的情況或行為

可能會有以下的情況或行為。

容易分心、坐不住

- 上課時走來走去
- 看到有興趣的事物，就會立刻起身移動
- 坐著卻心神不定
- 姿勢不良

一開口就停不下來

- 自顧自的說個沒完
- 說話內容不時改變
- 就算在上課，想到什麼就說（也算是「衝動」）。
- 插話、打斷老師的話（也算是「衝動」）。

有些孩子因特定狀況而靜不下來

有些孩子只在特定的場所（如學校或家裡）才會變得靜不下來。DSM診斷基準中有這樣的但書：「該特性出現在二個以上的生活場所」，由此看來，也許確實是注意力缺陷過動症。但是通常這樣的孩子無論在家或在校都受到妥善的協助，所以不會被當作有問題。

常被當作有問題的是，在校或在家突然變得靜不下來的孩子。診斷基準中有這樣的但書：該特性「持續六個月以上」，這種情況或許是在校或在家有不安的事。必須調查孩子在校或在家是否被壓迫，或是遭受不當的對待（虐待）。

健忘、注意力無法集中（不專心）

注意力薄弱，無法在一定時間內對某事物保持專注。有些孩子經常忘東忘西。

何謂有問題的「不專心」

孩子越小，注意力越薄弱。年紀小的孩子經常衝到路上，或是在超市等場所迷路。孩子「有掛心的事（例如，和朋友吵架、被罵得很慘、弄丟重要的東西等），就會滿腦子都在想那件事，無法專注於眼前的事，變得心不在焉。

健忘也是孩子的特徵。年紀越小的孩子，越容易被新奇的事物吸引，也可以說是對任何事都很認真的表現。

每天都充滿好奇心的孩子，假設某天他很努力專注於喜歡的事或討厭的事，因而受到稱讚。那種愉快的經驗一再發生，孩子注意力集中的時間就會慢慢增加。

此外，孩子也會記取失敗或被警告的經驗，進而提醒自己「下次要小心」。

那麼，「有問題的不專心」指的是什麼呢？例如，有注意力缺陷過動症特性的孩子「很難在一定時間專注於一件事，注意力不持久」、「容易因為外界的刺激分心」、「健忘或經常弄丟東西」，這些症狀「持續六個月以上」的話，可能就是有問題的不專心。

注意力缺陷過動症的不專心並非努力不足。其實孩子非常努力，所以經常為了「為什麼我會分心」、「為什麼老是忘東忘西」煩惱。有時會因為感覺敏感出現集中困難的情況，有些被診斷為注意力缺陷過動症的孩子，部分特性與泛自閉症的特性重疊。

令人在意的情況或行為

可能會有以下的情況或行為。

弄丟必要的物品

- 把鉛筆盒、室內拖鞋、直笛等必要的物品忘在某處。
- 鉛筆或橡皮擦等弄丟好幾次。
- 忘記東西放在哪裡。

忽略細節

- 漏寫國字的筆劃，少一點或多一撇。
- 寫作文會漏字。
- 做計算題時，會算錯或忘記進位等。

容易因為外界的刺激分心

- 對聲音等會立即反應，無法專注於眼前的事。
- 時而專心、時而分心，沒辦法在一定的時間集中注意力。
- 注意力集中的話，有時聽不到別人說話，不喜歡被中途打斷。

總是在發呆

- 興趣、關心的範圍小，經常在思考自己喜歡的事，看起來心不在焉。
- 缺乏對他人的興趣、關心，容易讓對方感到被忽視。

了解孩子的「工作記憶」

工作記憶是前額葉皮質的重要作用之一，暫時保留工作或動作的必要資訊，加以活用的功能。又稱短期記憶。

生活與學習上不可或缺的功能

我們能夠與人對話，那是因為暫時記住對方說的話，再予以回應。像這樣，暫時保留必要資訊並且活用的大腦功能稱為「工作記憶」。這個功能在無意識的狀態下仍持續作用，支持我們所有的判斷與行為。因此，工作記憶無法順利發揮作用時，容易出現不合時宜的行為或健忘的情況，生活或學習方面的困難增加。部分有注意力缺陷過動症特性的孩子，工作記憶無法順利發揮作用。

「為什麼我老是失敗？」雖然孩子也感到很煩惱，但被警告還是很難改善，有時孩子會因為經常被罵而喪失自信。

假設在家裡…

如果隔天必須帶書法用具，但是工作記憶沒有好好發揮作用，大腦無法保留「要帶書法用具去學校」的資訊，很容易就會忘記。

假設在教室…

無法保留「上課時要坐好」、「安靜聽老師講話」之類的資訊，於是出現起身走動、說話等不合時宜的行為。

思考前已經展開行動（衝動）

有些孩子難以控制自己的感情或慾望。
即便孩子有自己的理由，旁人卻覺得那是很突然的行為。

無法控制感情或慾望

「衝動」容易使人聯想到「突然施以危害的行為」，似乎不太恰當。強烈的「衝動」是指，無法控制自己的感情或慾望。

以「衝動消費」為例，或許比較好理解。衝動消費時，很難會有「還是算了」的想法。因為想要，所以就買了。同樣地，有注意力缺陷過動症特性的孩子，無法抑制自己的感情或發言、行動，因此旁人會覺得他們的行為很突然。

令人在意的情況或行為

可能會有以下的情況或行為。

想到什麼，馬上就說

- 沒被指名卻自行回答。
- 知道的事非得說出口。
- 在沉思的狀態下說溜嘴。
- 不排隊、插隊。

沒辦法排隊等待

- 因為很想做，所以忽視規則。

想到什麼，馬上就做

- 看到有興趣的東西就想摸。

不會安排優先順序

- 無法擬定計畫。

喜怒哀樂的反應激烈

無法控制自己的感情或慾望，也可說是喜怒哀樂的反應很激烈。高興時大聲歡呼，自己想做的事被制止或打斷，就會火大、鬧脾氣。這樣的行為經常出現在團體行動中，因為想做什麼就做，有時會被周遭孤立。

女孩的ADHD不易發現？

女孩的注意力缺陷過動症特性不明顯，很少會有妨礙上課的行為，因此有人認為不易發現。

由於特性不明顯，導致經常延遲協助

相較於男孩，有注意力缺陷過動症特性的女孩，特性較不易顯現出來。

男孩的特性是活潑外向，女孩雖然也很健談，但多半害羞內向、愛幻想，看起來總是「心不在焉」。但是這種態度並不明顯，加上很少給周遭的人添麻煩，所以經常延誤協助。

若孩子有令人在意的情況，父母請仔細觀察她是為了什麼而煩惱，給予適當的協助。

有注意力缺陷過動症特性的女孩特徵

- 父母知道上學前的準備很花時間。
- 在教室裡，容易因為其他學生的行為分心。
- 聽到有人輕敲鉛筆，或是在附近嚼口香糖，容易感到煩躁。
- 聽到房裡時鐘的滴答聲，或是窗外的鳥叫聲等細微的聲音就會分心，沒辦法寫作業。
- 希望老師能夠知道，自己必須非常努力才能把事情做好。
- 有時會被老師嚴厲責罵，但不知道為何被罵。
- 被父母告誡要更認真努力。
- 不明白時間的經過。
- 書包裡很髒亂。
- 不想去人多擁擠的百貨公司。
- 和父母外出購物時，總是被罵「不要跑太遠」。
- 為了找忘了拿的東西，要花很多時間。
- 被父母說是很有創造力的孩子。
- 教室裡發生某件事，同學都笑得很開心，自己卻不知道「笑點」，顯得狀況外。
- 不知道女生朋友疏離自己的理由。
- 寫作業時，就算沒教她，只要陪在身邊就夠了。
- 有時會忘記吃飯。
- 有時會討厭洗澡。
- 就算父母說該上床睡覺了，一點都不覺得累。
- 要花很長的時間才會睡著。
- 可以獨自打好幾個小時的電動。
- 到了吃飯時間，總是不說肚子餓。
- 就算說馬上就做，父母也不相信。
- 想加入團體，卻不知道怎麼做。
- 班上大部分同學都做完作業了，自己還在做。
- 經常幻想。
- 無法專心聽老師講話，或是不聽。
- 因為不懂問題的意思，在班上覺得很丟臉。
- 學校生活不愉快。
- 在同學面前覺得害羞。
- 就算有話想說，也無法積極說出口。
- 很難主動寫作業。
- 覺得專心看書非常難，即便只有 2、3 分鐘。
- 雖然是已經學會的題目，考試時卻不會寫。
- 該做的事總是拖到最後才做。
- 遲交作業。
- 忘記把寫作業要用的書帶回家。
- 不會把要寫作業的事記下來。
- 比起其他孩子，內心似乎很受傷。
- 學校生活中，很多事都覺得丟臉。
- 老是想哭。
- 體育或運動方面不拿手。
- 不喜歡和其他女生競爭。
- 好像沒有拿手的事。
- 無法保持桌面乾淨整齊。
- 常被父母唸房間很亂。
- 被父母罵很懶散。
- 忘記父母說過的事，令父母不悅。
- 經常腹痛。
- 經常頭痛。
- 經常遲到。
- 經常沒搭上大眾運輸工具。
- 早上很難起得來。

根據田中康雄《邁向 ADHD 的未來》（星和書店）附錄 3「Nadeau,K.G.：Understanding Girls with ADHD.11th Annual CHADD International Conference. Washington,DC.1999」節錄改編

注意力缺陷過動症的次發性問題

注意力缺陷過動症的症狀受到環境很大的影響。有時自尊心受損或自我貶低會造成孩子出現憂鬱症或不良行為、拒絕上學等情況。

產生惡性循環的背景

注意力缺陷過動症的特性造成的言行舉止，會被誤解為是孩子要任性或努力不足、父母管教不足所致。周遭的人責罵孩子、要求孩子嚴格練習，或許是基於善意。但經常被罵或失敗，只是否定孩子，深深傷害他們的自尊心。

缺乏關心、誤解的對應方式，會重挫孩子的自尊心，引發拒絕上學或繭居在家、不良行為、憂鬱症等次發性障礙的例子不在少數。

令旁人困擾的行為也是「來自大腦正確指令的自然反應」，並非故意那麼做。因此，為了避免孩子失去自信，父母必須為孩子製造成功的機會，不斷告訴他「我很愛你、你很重要」。

因為個性強烈，很難對周遭的人妥協忍讓，所以人際關係不易建立。人際關係是互相體諒，包容力較大的一方，應該主動接近對方。別責怪有注意力缺陷過動症特性的孩子身邊的人，具體思考孩子為了什麼而煩惱，怎麼做才能解決他的煩惱才是重點。

避免孩子失去自信，陪伴支持很重要。

注意力缺陷過動症的診斷方式

注意力缺陷過動症是不易透過抽血、圖像診斷等發現異常的障礙。醫師會根據孩子在診間的情況等為線索，對照診斷基準進行診斷。

仔細觀察孩子的情況、詢問父母

基本上，醫師的診斷方式和泛自閉症的診斷方式相同，仔細觀察孩子的情況，詳細詢問最常和孩子接觸的父母等親人。然後以那些為線索，對照診斷基準進行診斷。主要使用的診斷基準是美國精神醫學學會制定的《DSM-5精神疾病診斷準則手冊》。有時也會用世界衛生組織制定的「國際疾病傷害及死因分類標準第十版」。

不過，是否符合診斷基準的判斷並不容易。

有時無法立刻確定診斷名稱

注意力缺陷過動症的特性，每個孩子都會有，年紀越小的孩子，也許是成長過程中的失衡短暫引起的現象，或是大腦功能障礙所造成，這點不太容易得知。

此外，有些孩子遇到特定狀況會變得靜不下來。因此，有時無法立刻確定診斷名稱，必須藉由多次的面談，經過一段時間的觀察。診斷名稱只是讓孩子接受必要協助的線索。無論有無名稱，我們都必須思考孩子需要怎麼樣的協助。

關於 DSM

- DSM 是由美國精神醫學學會出版的《精神疾病診斷準則手冊（The Diagnostic and Statistical Manual of Mental Disorders）》。
- 2013 年 5 月將以前的 DSM4 版（DSM-IV-TR）修訂為 5 版（DSM-5）。主要的變更如下：

・和泛自閉症一樣，分類為神經發展障礙（Neurodevelopmental Disorders）。

・與泛自閉症並存。

・發病年齡從 7 歲前提高至 12 歲前。

提供兒童發展諮詢服務的中心與團體

因為事關孩子的成長，父母每天都有許多擔心的事，也有越來越煩惱的事。感到育兒辛苦時，不要獨自煩惱，試著找找看能夠提供協助的地方。得到共鳴會成為支持內心的力量。

支援家中有發展障礙特性的孩子的團體或家長聯誼會，可以針對孩子的特性互相學習、討論擔心的事，增進彼此的情誼。

本頁所介紹的中心及團體，瀏覽各網頁就能知道各種發展障礙的特性或諮詢機關、活動與講座的日期等資訊。想知道更名資訊，請向地方政府的社福部門等處洽詢。

天才領袖
http://www.leaderkid.com.tw/about.aspx

由知名兒童發展專家王宏哲博士創辦，透過完整的專家評估流程，嚴選提升孩子的社交、動作、語言、認知、情緒、專注的課程，幫助父母輕鬆學、快樂教。

台北兒童醫院早期療育中心
http://www.ntuh.gov.tw/ntuch/default.aspx

針對疑似或確定發展遲緩的學齡前兒童及其家庭提供的整合性服務。藉由全面積極篩檢、完整的評估鑑定，以儘早發現及確定孩子的發展問題，促進孩童身心發展，減少未來的障礙。

台北教育大學特殊教育中心
http://r2.ntue.edu.tw/home.html

由專職教授及博士提供諮詢及心理輔導，對象為各類特殊兒童，包括：資賦優異（一般智能、學術性向）及身心障礙（語言障礙、肢體障礙、學習障礙、多重障礙、自閉症、發展遲緩、視覺障礙、情緒障礙等）

國立臺灣師範大學 特殊教育中心
http://goo.gl/I7NQD7

由教育相關博士提供諮詢，對象為各類特殊兒童，包括：資賦優異（一般智能、學術性向、藝術才能等）及身心障礙（智能障礙、視覺障礙、聽覺障礙、語言障礙、學習障礙、多重障礙、自閉症、發展遲緩等）

財團法人
中華民國自閉症基金會
http://www.fact.org.tw/menu.php?m_id=18

針對有自閉症特性的人進行診治、教育，協助政府加強立法，使自閉症患者接受適當教育，保障基本權利。

※本頁所列出之機構為采實出版為台灣讀者列出相關兒童發展之參考機搆。

給予孩子應對協助的重點

就像所有的發展障礙一樣，注意力缺陷過動症無法完全治癒。不過，只要周遭的人給予適當的對應與協助，就能減緩孩子生活的痛苦。

注意力上的協助

明天要帶的東西都整理好了嗎？
嗯！

重點

減少刺激

看得見或聽得見的事物時常刺激著孩子。為避免孩子分心，為他準備毫無裝飾的安靜空間。另外，不讓孩子覺得膩也很重要，像是不用保持相同坐姿，偶爾改變姿勢。

重點

父母一起確認必要的物品

孩子很難主動想到「不要忘記帶東西」。父母和孩子一起確認課表或隨身攜帶物、連絡簿的記錄等，陪同整理準備。為避免孩子忘記帶東西，反覆且有耐心地告訴孩子也很重要。

過動方面的協助

好！
可以請你幫老師發講義嗎？

重點

設定自由活動的時間

因為靜不下來，與其壓抑孩子的過動特性，不如給他「可以活動的保證」。好比上課做練習題時，偶爾設定短暫的休息時間，或是「刻意安排事情」讓孩子離開教室。

重點

讓孩子負責某些工作

上課時讓孩子幫忙發講義，像這樣讓孩子負責可以活動身體的工作。為避免孩子擅自行動，移動時要團體移動，或是讓孩子負責確認人數。

衝動方面的協助

啊！
是可麗餅店！
不要跑，慢慢走就好

重點

不焦躁，保持寬大的心

如果不是孩子或朋友會受傷、發生意外的行為，為了避免孩子失去自信，有時要試著忽略小事。深呼吸，以寬大的心守護孩子。

重點

適時提醒孩子

因為缺乏自制力或感情控制力，孩子有時會「急踩煞車」。在孩子行動前，適時提醒他「要排隊喔」，像這樣傳達正確的行為，可事先減少可能發生的混亂。

情緒不穩方面的協助

你做得很好喔！
好厲害！

重點

以一對一的方式告誡孩子

有事告誡孩子時，盡可能在其他孩子看不到的地方，簡短告知。這樣能防止周遭對孩子產生負面評價，孩子也不會貶低自己。

重點

增加成功體驗

孩子受到稱讚會成長進步。當他完成了某件事，或是有好的表現時，當場立刻在大家面前稱讚他。受到周遭認同，「我做到了！」的體驗成為自信，激發孩子做的意願。

5 章

認識「學習障礙」

什麼是「學習障礙」？

雖然沒有智力發展遲緩的情況，努力學習卻未見成效，在學習上的擅長與不擅長有著明顯差異。

學習上有部分的困難

學習障礙ＬＤ是取Specific Learning Disorders的後面兩字字首縮寫，日文稱為「侷限性學習症」。在日本，使用於教育性定義上「學習障礙（ＬＤ）」的稱呼也廣為使用。

不過，醫學定義與教育定義仍有微妙的差異。醫學定義的學習障礙只限「讀、寫、計算推論（預測）」這幾個領域，診斷基準也是用美國精神醫學學會的《精神疾病診斷準則手冊》與世界衛生組織創立的「國際疾病傷害及死因分類標準第十版」。另一方面，在日本，教育定義的學習障礙除了前述的醫學定義還加上了「聽、說」的領域。由於本書介紹的是一般廣義的學習障礙，故將教育定義的範圍也列入其中。

主要特性

學習上有部分的困難。

學習障礙的官方定義（日本文部科學省，等同台灣教育部）

學習障礙是指，雖然整體智力發展沒有遲緩，但在聽、說、讀、寫、計算，以及推論能力當中，對特定事物的學習與使用出現顯著困難的各種狀態。

造成學習障礙的原因，推斷是中樞神經系統的某種功能障礙，不過並非視覺障礙、聽覺障礙、智力障礙、情緒障礙等障礙，或是環境方面的因素為直接原因的影響。

孩子並非不夠努力

目前學習障礙的原因尚未明確化，應該是大腦的功能障礙所致。學習障礙的特性在學習上會變得明顯，儘管幼兒期不易察覺，上小學後就會開始顯露。

有學習障礙特性的孩子，無法將所見所聞得到的資訊順利傳入大腦，因此會有「無法分辨教科書上的字」、「聽不懂老師的話」、「看到黑板的字卻不會抄下來」等情況。

再怎麼努力學習，在特定的學習上仍有困難，但是由於智力發展沒有遲緩，往往不容易被周遭看做是「障礙」。學習障礙的孩子有著獨特的想法與觀點，不了解這一點而強迫其接受一般的學習方式，無法讓孩子充分發揮能力。

隨著年齡增長，孩子會越來越吃力

「某學科的進度慢了一～二年」是學習障礙的判斷基準之一。入學後若無法盡早接受適當協助，低年級時或許還勉強跟得上，但隨著年齡增長，孩子會覺得要跟上進度很吃力。

即便努力學習卻未見成效，不明白問題出在哪兒，孩子因而喪失自信。

自尊心受損或自我貶低讓孩子故意不念書，營造出我不是不會，只是「因為不念，所以成績差」的假象，或是因自卑感、挫折感變得自暴自棄，導致次發性障礙。

思考學習障礙時，重點在於捨棄「學習只要付出努力就能獲得相同成果」的誤解。而且，不少有學習障礙特性的孩子，除了學習上有困難外，還有溝通困難、運動或手腳不靈活的問題。

因此，了解孩子在學習上遇到怎樣的困難，針對孩子的特性給予適合的方法或協助很重要。

Q&A

Q 何謂智力發展遲緩？

A 智力是難以解釋的問題，二十世紀初出現了智力測驗，人們得以知道自己的智力程度。智力測驗有很多種，具代表性的測驗結果之一是「智商」。智商100為標準，基本上不滿70就視為智力發展遲緩。但，智商的數字只是幫助你我更深入了解孩子，給予適當的協助，並不代表孩子的全部。

閱讀或書寫上有困難

有些孩子很會說話卻無法閱讀。
有些孩子則是閱讀時沒問題，書寫上有困難。

閱讀方面 有學習吃力的情況

部分有學習障礙特性的孩子，說話流暢卻讀不出教科書等印刷品的文字。閱讀力是指「將文字轉換為聲音的能力」與「了解文字意思的能力」。假設看到「花開了」這個句子，我們可以順利地讀出來，也能立刻將「花開了」分成「花」和「開了」兩個單字。

可是，部分有學習障礙特性的孩子沒辦法將句子分段，閱讀文章時很吃力。

也許是視覺敏感所致

閱讀困難的孩子如果再加上有視覺敏感，會出現「白紙黑字的對比強烈，看起來很刺眼」、「感覺字好像在搖晃、擴散」的情況。

此外，因為無法同時做多件事，有些孩子沒辦法「用眼睛看字」同時「理解意思」。就算會讀也得花很多時間，考試有時會讀不完題目。

書寫方面 有費力困難的情況

部分有學習障礙特性的孩子能讀、能說卻寫不好字。

書寫力是指，將聽到的聲音寫成文字的能力，懂得用國字組合詞彙的能力。寫字這個動作是由❶回想腦中記憶的文字、❷大腦向手發出指令、❸手寫出文字。但是，當這個過程的某步驟出現偏差或所謂的癖性，很難寫出正確的字。

另外，如果不擅於掌握空間，無法在筆記或考卷上寫出大小適當的字。若是手指不靈活，因為沒辦法正確握筆，寫不出工整的字。

字寫不好，孩子本身也很難受，有些孩子會裝成會寫的樣子，克服不會寫的窘況。

有些孩子 不會將黑板的字抄成筆記

有些孩子覺得要把黑板上的字抄成筆記很難。這時候，可能是讀字或記字上有困難。想要找出目標的文字，必須注意黑板的某處。當工作記憶無法順利發揮作用時，目光從黑板移往筆記本的過程中，文字的記憶會變得模糊。

閱讀上有困難的孩子令人在意的情況

- 無法照意思分段閱讀，總是一個字一個字讀（逐字閱讀）。
- 不知道讀到哪裡，讀的時候漏字或跳行。
- 把字形相似的字讀錯，例如「己」和「已」。
- 把注音讀錯。
- 有邊讀邊，遇到不會的字就用想像力「亂讀」。

在…某個…地方…有一位老…爺爺…
國文

書寫上有困難的孩子令人在意的情況

- 把字形相似的字寫錯。
- 把字的左右寫反。
- 忘記寫逗號「，」、句號「。」、頓號「、」，或是寫錯位置。
- 容易寫錯字（少一筆或多一筆，或是寫錯部首等）。
- 字形或字的大小不一。
- 不會寫作文。

我怎麼都寫不好…

不擅了解他人語意，不擅表達

有些孩子，上課時聽不懂老師說的話，或是無法有條理地說出自己的想法。

容易漏聽或聽錯，難以接收耳朵聽到的資訊

要聽懂別人的話必須專心，還要把聽到的話記下來。接著運用理解力，根據文意，將聽到的字音轉換成正確的字。

聽覺敏感的人，翻書聲、拉椅子的聲音、別班的聲音等「雜音」，聽起來音量都相同，所以很難接收耳朵聽到的資訊。

有這種特性的孩子，看似有在聽別人說話，有時周遭很難發現其特性。可是，如果聽錯或漏聽，對於提問經常回答得牛頭不對馬嘴。

因為聽不懂老師的話，會問隔壁的同學「剛剛老師說什麼？」，或是沒辦法理解狀況感到困惑，有時顯得心神不寧。

各種聲音聽起來音量都一樣，聽不到必須聽的聲音。

無法一心兩用

「聽」話方面有困難的孩子，如果邊聽音樂邊唸書、邊看電視邊吃飯，有時注意力會被刺激較強的一方吸引。於是，聽音樂聽得入迷，忘記要唸書；看電視看得入迷，忘記要吃飯。

說話缺乏條理，經常用錯文法及單字

有些孩子能夠聽懂對方說的話，輪到自己說話時卻怎麼也說不好、無法對話。因為說話缺乏條理，周遭的人也聽不懂孩子想說什麼。例如，當我們用母語說話時，會不自覺地將文法或順序、因果關係、詞彙等多種資訊瞬間整理好並說出口。可是，用剛學會的外語對話時，必須花時間整理資訊，經常想不到詞彙、用錯文法或單字，或是變成零散的單字排列。

同樣地，「說」話有困難的孩子，因為不懂得整理腦中記得的資訊，就算可以也得花很多時間。

無法有條理地表達想法的孩子，有時就連發出求救訊息都有困難。

有時無法傳達心中煩惱

「說」話有困難的孩子，有些不會整理自己的想法，沒辦法向周遭傳達自己的煩惱。即使旁人說「有煩惱要說出來」，因為無法表達自己是為了什麼而煩惱，有時會一直獨自煩惱。此外，有些孩子聽到別人說「你到底在說什麼？」像這樣責備的話，內心嚴重受挫，之後變得不敢開口。

也會出現社交困難

部分有學習障礙特性的孩子，也有社交困難。他們不懂得從肢體動作或手勢、表情察覺並體諒對方的心情，將對方的話照字面的意思解讀，或是不了解語意含糊的表現。因此，有時會被認為「沒辦法溝通」、「不會察言觀色」、「自言自語」。

計算或推論上有困難

有些孩子不了解數字或記號的概念，不會從已經知道的事去類推不知道的部分。

學習數學方面有困難的情況

有學習障礙特性的孩子，因為不擅於計算或推論，就算已經很努力，成績總是未見起色。

數學方面有困難並非單一情況，例如，有些孩子會個位數計算，卻不會進位計算，有些則是不太會想像圖形等。困難的顯現程度各不相同，不拿手的部分也不一樣。重要的是，理解孩子在哪裡失敗，不責罵也別心急，用適合孩子的方法，為他準備能夠投入學習的環境。

有時可能是因為不靈活

日本文部科學省（相當於台灣教育部）制定的學習障礙定義雖然不包含手指的不靈活，但大腦與身體無法順利共同運作，導致字寫不好、寫字很慢、用尺或圓規也畫不好圖形等（在醫學的角度，這被視為發展協調障礙）。

寫字會影響到整體的學習，對成績也有影響。有學習障礙特性的孩子當中，許多孩子在運動方面很拿手，但有些孩子的全身運動不靈活、基本動作很緩慢（在醫學的角度，這也被視為發展協調障礙）。

這樣的情況，有時和控制大腦多種功能的作用衰退，或是無法同時做多件事的特性有關。無論如何，孩子已經很認真練習卻無法進步，他們一定很傷心沮喪。陪在孩子身邊的人必須理解，孩子並非不夠努力或偷懶。

令人在意的情況或行為

可能會有以下的情況或行為。

閱讀上有困難

「20＋30＝50」這樣的計算題解得出來，但是如果換成「蘋果一個 20 元、橘子一個 30 元，蘋果和橘子各買一個，總共是多少錢？」這樣的應用題卻解不出來。此外，容易讀錯數字的孩子，即使計算方法正確，還是會算錯。

推論上有困難

推論可說是，從看得見的部分想像看不見的部分，思考看得見的部分會變成怎麼樣。不懂得推論，很難求出圖形的高度或邊數、角度、圓周等，或是從等分圖形思考分數的概念、從圖表等找出解答需要的數字或規則。有時就算已經記住 100cm＝1m、1000ml＝1l 這樣的規則，還是無法想像那是多少。

記憶上有困難

解出答案前，記不住問題的數字或進位、借位的數字，所以無法計算或心算。有時沒辦法記住、活用「＋－×÷」四則運算的記號意義。

空間認知上有困難

很難理解數字的左右位置關係，如個位、十位、百位等，所以會弄錯筆算的進位，或是計算時算錯位。

學習障礙的診斷方式

學習障礙的定義在醫學定義與教育定義上有微妙的差異。重要的是，了解孩子遇到怎樣的困難。

觀察孩子的情況、仔細詢問

基本上，醫師的診斷方式和泛自閉症的診斷方式相同，仔細觀察孩子的情況，詳細詢問最常和孩子接觸的父母等親人，了解孩子的在校成績或出錯的方式等，以那些為線索，對照診斷基準進行判斷。學習障礙的定義在醫學定義與教育定義上有微妙的差異。診斷基準是文部科學省（相當於教育部）的判斷基準，醫學方面則是美國精神醫學學會制定的《精神疾病診斷準則手冊》，以及世界衛生組織制定的「國際疾病傷害及死因分類標準第十版」。

關於 DSM

- DSM 是由美國精神醫學學會出版的《精神疾病診斷準則手冊（The Diagnostic and Statistical Manual of Mental Disorders）》。
- 2013 年 5 月將以前的 DSM4 版（DSM-IV-TR）修訂為 5 版（DSM-5）。主要的變更如下：
- ・名稱改為「特殊學習需要」，可以根據發育階段，進行症狀的評價。

學習障礙（LD）的診斷基準與注意事項（日本文部科學省）

根據以下的判斷基準，原則上，必須取得所有人的理解再進行判斷。

A 智力的評價

1. 整體的智力發展沒有遲緩。

根據個別智力檢查的結果，確認整體的智力發展沒有遲緩。
若數值是在智力障礙界線的附近，而且在聽、話、讀、寫、計算或推論等學習基礎能力上有特別顯著的困難時，考量孩子智力發展的遲緩程度或社會適應性，判斷智力障礙的教育對應是否適當、學習障礙的教育對應力是否適當。

2. 認知能力有失衡情況。

配合需要，施行多種心理檢查，確認學童的認知能力出現失衡、掌握特徵。

B 國語等基礎能力的評價

○國語等基礎能力有顯著的失衡情況。

根據校內委員會提出的資料，確認在國語等基礎能力出現顯著的失衡、掌握特徵。
不過，小學高年級之後，必須留意基礎能力的遲緩是否造成整體的遲緩。
國語等基礎能力有無顯著失衡，是透過標準學力檢查等檢查、調查進行確認。
施行國語等的標準學力檢查後，若學力偏差值與智力檢查結果的智力偏差值（Intelligence Standard Score）之間的差為負數時，確認其偏差超過一定的標準。此外，判斷 A 與 B 的評價無法得到需要的資料時，要求校內委員會再提出不足的資料。再配合需要，進行學童在校的上課態度等行動觀察或家長面談等。也要充分考量 C 與 D 的評價及判斷。

C 醫學方面的評價

○關於學習障礙的判斷，有接受醫學評價的必要。

若有主治醫師的診斷證明或意見書等資料，研討是否有導致學習障礙的可能疾病或狀態。根據胚胎期、周產期狀態、病史、生活史或檢查結果，發現疑似中樞神經系統的功能障礙（可能是造成學習障礙原因的狀態及更重大的疾病）時，配合需要，尋求專業醫師或醫療機關的醫學評價。

D 其他障礙或環境要因並非直接原因。

1. 根據收集資料，確認其他障礙或環境要因並非學習困難的直接原因。

根據校內委員會收集的資料，確認無法說明其他障礙或環境要因是學習困難的直接原因。
判斷上無法得到需要的資料時，要求校內委員會再提出不足的資料。
若根據補充資料，仍無法確實判斷時，配合需要，進行學童在校的上課態度等行動觀察或家長面談等。

2. 診斷其他障礙時，請留意以下事項。

注意力缺陷過動症或廣泛性發展障礙是學習困難的直接原因時，雖然不是學習障礙，鑒於注意力缺陷過動症與學習障礙有時會重複，或是部分的廣泛性發展障礙與學習障礙有接近性，不要只因為被診斷為注意力缺陷過動症或廣泛性發展障礙就否定學習障礙的可能性，必須慎重判斷。另外，發展性語言障礙、發展性協調障礙有時也會和學習障礙重複出現，這點必須留意。
基本上智力障礙與學習障礙不會重複，但，不要只因為過去疑似有智力障礙就否定學習障礙的可能性，根據「A.智力的評價」基準進行判斷。

出處：「針對學習障礙兒童的指導（報告）」（1999 年 7 月）

給予孩子應對協助的重點

就像所有的發展障礙一樣，學習障礙無法完全治癒。但是只要周遭的人給予適當的對應與協助，孩子就能有積極投入學習的環境。

重點

盡早察覺孩子棘手的部分

孩子不會做功課，並非不夠努力，而是功課上有棘手的地方。盡早察覺孩子停頓的部分，為孩子思考適合的學習方法。

重點

不要過度干涉，也別置之不理

對於孩子不擅長的部分，「要那樣做」、「要這樣做」不要過度出言干涉很重要。陪伴孩子，當他有問題時隨時給予協助，其實只要陪在孩子身邊，他就能放心地做功課。

重點

使用適合孩子的教材

選擇適合孩子特性的教材。用不適合的教材學習，只會讓孩子的注意力容易中斷。無法寫出間隔平均且工整的字時，建議使用空格大的筆記本。不太會筆算的話，可改用有輔助線的筆記本，方便孩子對齊位值。有閱讀困難時，使用可標示句子的墊板也是不錯的方法。

重點

不要責罵，陪孩子一起思考

「你要更認真唸書」、「明明有心就做得到」、「好好努力」、「連這點小事都不會嗎」別再用這些話責罵孩子，他們其實也很煩惱。陪孩子一起想想，如何學好不會的功課。

重點

以文字或圖像傳達

「聽」話有困難的孩子，在吵鬧的場所會聽不到想聽的聲音。透過一對一的對話邊傳達邊確認，以文字或圖像說明，讓孩子容易理解。

重點

記住說話方式的規則

「說」話有困難的孩子，只要記住說話方式的規則，漏了主語、內容零散之類的問題就會變得不明顯。別否定孩子的說話方式，「你是說○○嗎？」、「你這樣說說看」像這樣邊確認邊傳達正確的說話方式。

感動帶來自信，寫寫看「好事手札」

就算只是寫「平安回到家」這樣的小事，或是只寫一句話也沒關係。貼照片、畫插畫，手札看起來會更豐富。

「好事手札」是用來記錄孩子的好表現，以及和孩子度過的快樂時光的日記。寫手札的同時，自然會想到孩子好的地方。養孩子的過程中經常會有不順心的事。

有時覺得「稱讚教育」很難做到，也會覺得孩子不可愛，說不定還會和孩子爭吵。這時候，翻閱這本手帳，內心受到感動後，又可以重新積極思考。而且，讓孩子看這本手札也能讓他重新認識自己的優點，進而產生自信。

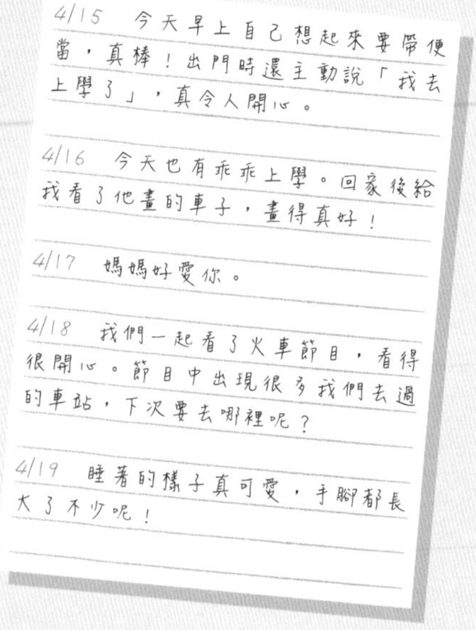
4/15 今天早上自己想起來要帶便當，真棒！出門時還主動說「我去上學了」，真令人開心。
4/16 今天也有乖乖上學。回家後給我看了他畫的車子，畫得真好！
4/17 媽媽好愛你。
4/18 我們一起看了火車節目，看得很開心。節目中出現很多我們去過的車站，下次要去哪裡呢？
4/19 睡著的樣子真可愛，手腳都長大了不少呢！

真開心！
親子手帳
NO.3
親子手帳
NO.1

寫了許多優點的手札，孩子看了會很開心。好事手札能讓孩子產生自信，成為支持內心的力量。

6 章

察覺與診斷後的療育與照護

什麼是「療育」？

對於有發展障礙特性的孩子，在自立支援上施行「療育」。以減緩生活的不便為目標，學習適當的對應協助方法。

為孩子減少生活的不便

「療育」一詞，引用宮田廣善老師（《支持育兒的療育》／葡萄社出版）的話來解釋，就是「努力協助有障礙的孩子及其家屬的各種支援」。

有發展障礙特性的孩子，因為個性非常強烈，很難對周遭妥協忍讓。有時會因此被孤立、誤解。父母每天盡心盡力卻得不到回報，難免感到無奈疲累。

既然療育是「支持育兒」，本章要思考的是，如何讓孩子及其家屬在辛苦的生活中得到慰勞，以及具體的協助方法。

首先，必須讓父母與孩子安心生活、充分休息，至少要能讓父母從周遭獲得慰藉、感到安心，這點很重要。此時實行的具體協助方法有，「結構化教學法TEACCH」、「感覺統合治療」、「應用行為分析」等。

孩子的特性不會因為療育而治好，但是累積配合孩子成長進度的適當協助與經驗，可以減緩生活的痛苦。

哪裡可以接受療育？

接受療育的契機很多，不少是在嬰幼兒健檢時，被介紹到地方政府經營的療育設施。負責指導的是有專業知識或經驗的職能治療師、聽力語言治療師、臨床心理師。

如果想知道住家附近哪裡有相關設施、能提供什麼樣的協助，向政府機關的社福或兒福部門、育兒支援中心、發展障礙者支援中心等處詢問，也許能得到資訊，費用依各機構而異，基本上都是免費。

配合成長，改變內容

療育依孩子的情況而異，大部分是一~二週一次、每次一~二小時。方法或內容、期間也各不相同，大致上分為數名年齡相近的孩子一起參加（父母多是待在別的房間），以及親子共同參加。形態也很多元，有個別也有團體。施行的內容主要是社會生活的基本規則、語言或身體感覺的發展支援等，配合孩子的成長，進行研議。

療育對家屬也有正面幫助

許多父母會煩惱該不該讓孩子接受療育，或許是擔心接受療育，等於是認同孩子有「障礙」。可是，療育並非針對診斷名稱，而是對孩子及其家屬的協助。盡早給予適當協助、仔細對應，能預防孩子及其家屬被孤立。

父母也可參考專家對待孩子的方式，加深對孩子特性的理解，一起思考孩子的成長，接受療育的場所也會變成交流溝通的地方。遇到有相同煩惱的人，自然「不用獨自煩惱」、「心情變得輕鬆」。

療育設施的一天

（範例）

1 自我打理

把毛巾或點心等從包包裡拿出來，放在固定的地方，讓孩子學會處理自己的事。

2 運動

透過彈跳床、平衡木、盪鞦韆、玩球等遊戲活動身體，培養平衡感。

3 聚焦

專家讓孩子看繪本或圖卡等，進行聚焦（眼睛專心看）單一事物的練習。

4 飲食

在吃正餐或點心的時候，讓孩子記住餐具的用法，累積用餐愉快的經驗。

5 療育諮詢

和專家一起討論在家如何應對孩子等，能夠得到不錯的建議。

什麼是「結構化教學法」？

結構化教學法是多數療育現場實行的療育方法之一。透過視覺化的方法，減緩有特性的孩子的生活痛苦。

協助孩子活出自我，擁有自立的生活

結構化教學法（TEACCH）是由美國北卡羅來納州立大學的蕭卜勒（Eric Schopler）教授等人發起。這是針對有泛自閉症特性的人及其家屬，在整體生活上的綜合總括式方案，目前施行於多數的療育現場。

以「場所」為例，「這裡到那裡是可以○○的地方」，像這樣限制孩子的活動範圍，他們會感到拘束，想要打破那樣的規定。可是，有泛自閉症特性的孩子因為感受方式或理解方式不同於一般的孩子，明確劃分界線反而比較安心。家裡或校內等場所，用途多元的空間很多，經常令孩子覺得困惑、難受。

一目瞭然＝構造化

「構造化」是結構化教學法的基本理念之一。有泛自閉症特性的孩子當中，有些不易記住聽到的話，對於必須掌握模糊的空間或時間、需要想像力的溝通感到吃力。另一方面，擅長理解眼睛看到的事物，對有興趣、關心的事能夠發揮出色記憶力的孩子也不少。考量到這樣的特性，將空間或時間、順序等變得「一目瞭然」，給孩子能夠安心生活的環境，這就是「構造化」。

打造方便使用的空間

如果一個場所有多種用途，有泛自閉症特性的孩子容易感到混亂，為避免這種情況，「這裡是吃飯的地方」、「這裡是唸書的地方」，像這樣區分各場所的用途，打造一個「使用目的」顯而易見的環境，這也是構造化之一。

活用行程表，讓孩子事先預測

對孩子來說，凡事「一如往常」、合乎預測，比較容易發揮實力。除了場所，時間也要一目瞭然，讓孩子一看就知道「什麼時間做什麼事」。

例如「幾點起床、幾點吃早餐、幾點去學校」，像這樣，把早上的行程表或學校的課表做成有插畫的圖表等，方便孩子了解，他們就能照表行動。

結構化教學法的目的是，以「容易了解的環境」守護有特性的孩子及其家屬，讓他們在那樣的環境中透過溝通互動，加深對特性的理解，減緩孩子及其家屬生活的痛苦。就算特性治不好，仍要了解每個特性，讓孩子擁有活出自我、自立生活的環境。

結構化教學法的特色

時間構造化	空間構造化	順序構造化
因為看不到時間，所以不知道「該做什麼？可以做多久？」。	在廣大的空間裡，不知道「該做什麼」感到不安。	不易記住聽到的事，也不懂得先想好優先順序再行動。
↓	↓	↓
「何時」、「做什麼」像這樣把一天的行程畫成插畫，讓孩子隨時都能看到。	配合目的區分空間，讓孩子明確知道場所的「使用目的」。	區分步驟，使用插畫或照片，讓孩子明確知道「要做什麼」。
↓	↓	↓
容易預測，孩子會比較安心。	能在固定場所安心做該做的事。	逐漸增加自己能做的事。

區分空間或時間、順序，打造容易理解的環境。

＊結構化教學法（TEACCH）為
Treatment and Education of Autistic and Communication-handicapped Children 的縮寫。

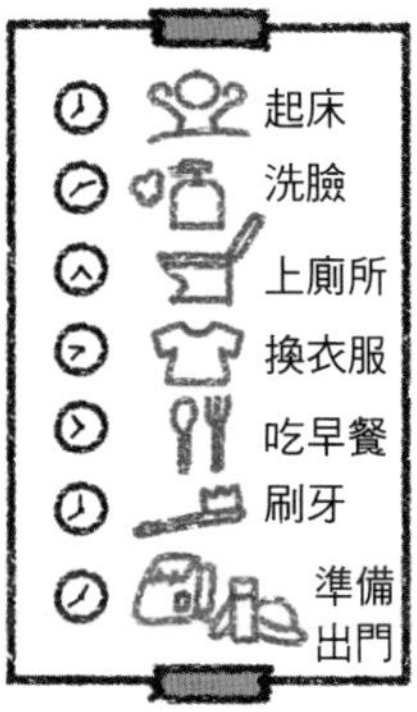
起床
洗臉
上廁所
換衣服
吃早餐
刷牙
準備出門

有了順序表，孩子很容易知道接下來要做什麼。

TEACCH

利用順序表，增加會做的事

有泛自閉症特性的孩子，有時對某些行為的順序會感到混亂，例如吃飯的方式、上廁所的方式、衣服的穿脱、刷牙的方法、洗澡的方法。活用有插畫的順序表，讓孩子邊看邊做，他們能夠自己做的事就會增加。

TEACCH

利用個別作業系統集中精神，專心做功課

針對「不了解結束」這個特性，有個方法叫「個別作業系統」。就算告訴孩子「上課上到〇點〇分」，因為看不到時間，所以他會覺得現在進行的活動將永遠持續下去，感到不安。因此，必須具體告訴孩子現在要「做什麼、做多久」、「做到怎樣的狀態就是結束」，或是「結束後，接下來要做什麼」。這樣能讓孩子比較容易專心做事情。

安心
寫完這二張講義
就結束了！

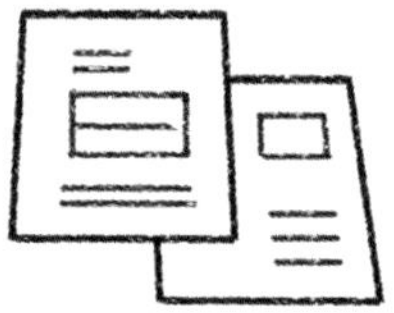

具體傳達要做的事，孩子就能安心去做。

你想出去嗎？

利用圖卡，讓孩子感受溝通是件有趣愉快的事。

TEACCH

利用「圖卡」傳達自己的希望或當下的要求

想傳達自己的心情卻不知道該怎麼做時，能夠傳達孩子心情的圖卡（溝通卡）就很方便。假設，孩子想說「我想離開這裡」，他不會默默走出去，而是拿出有人開門準備走出去的圖卡。這麼一來，周遭的人也能夠理解孩子的心情，比較容易溝通。

TEACCH

學會社會規則

要讓孩子學習合時宜的表情或舉動，有個方法叫做社交技巧訓練。例如，讓孩子記住「早上同學跟你說早安，你也要『笑著說早安』」，他就能做出適當的行為，建立圓滿的人際關係。有泛自閉症特性的孩子，有時看到別人的臉或衣服的圖案會很害怕、開不了口，透過這樣的訓練，孩子就能學會打招呼，減少人際關係的不順。

記住禮儀或規則，使人際關係變得更加圓滿。

TEACCH

培養休閒或才藝技能

對有泛自閉症特性的人來說，「自由時間」等於「不知道該做什麼，覺得不安的時間」。培養休閒技能，讓孩子安心放鬆、快樂度過自由時間。擁有興趣不但能充實生活，也能增加與人交流的機會，拓展孩子的能力。

有了休閒技能，就連獨處的時間也能過得有意義。

TEACCH

發揮所長的就業支援

為了讓有泛自閉症特性的人安心就業，必須有非常了解其特性，給予援助的人。就業支援的專家「求職顧問」會對有特性的人及企業提供雙方援助。例如，對有特性的人，幫忙尋找符合其能力的工作、幫助學會工作技能、教導如何完成工作的方法等。同時，將當事人的特性告訴業主，向對方說明構造化的必要性、當事人適合怎樣的工作等，協助有特性的人投入職場。

接受求職顧問的援助，徹底發揮自己的能力

※詳細內容請參閱其他專門書籍。

感覺統合治療

感覺統合治療的目的是「給予孩子適當刺激，讓偏差的感覺正確運作」。

調整感覺的偏差為目的

感覺統合治療是美國的職能治療師艾瑞斯提出的復健技法，目前施行於多數的療育現場。

什麼是「感覺統合」呢？感覺除了視覺（看）、聽覺（聽）、觸覺（觸摸）、味覺（品嚐）、嗅覺（感受氣味）這五感，還有痛覺、溫度感覺、振動感覺等。

我們會統合感覺的「刺激」與「大腦作用」再決定行動，這稱為「感覺統合」。有發展障礙特性的孩子，不太能將「刺激」與「大腦作用」統合，表現於感情或行動。透過感覺統合治療，在日常生活的各方面下工夫，減緩感覺統合失衡造成的影響，調整感覺的偏差。

透過遊戲，抑制過度的防衛反應

遭遇危險時，我們具備本能反射性保護身體的「原始感覺」。但隨著成長，原始感覺會消退，改由根據資訊判斷狀況的「識別感覺」優先發揮作用。例如，我們知道「被玫瑰的刺刺到會痛」，所以不會主動去摸玫瑰的刺。可是，沒發現玫瑰的刺，不小心摸到時，反射性的原始感覺會發揮作用，讓手縮回來。像這樣，平常都是「識別感覺」抑制「原始感覺」，兩者之間保持平衡。

感覺統合治療認為，有發展障礙特性的孩子或許是原始感覺容易失控，出現過度自我防衛的反應，透過活化識別感覺的遊戲，調整原始與識別感覺的失衡。

與發展障礙特性有關的感覺

五感

- 視覺（看）
- 聽覺（聽）
- 觸覺（觸摸）
- 味覺（品嚐）
- 嗅覺（聞、感受氣味）

→ 當中特別是

觸覺

被外物碰觸肌膚時出現的感覺

平衡感

與對抗重力的姿勢或動作有關的平衡感

本體感覺

力道拿捏或手腳動作、位置的感覺

如果這三種感覺失衡，姿勢或動作、身體的活動也會變得容易失衡

↓

藉由遊戲給予刺激，調整感覺的偏異

在孩子背上寫字，讓他們猜猜看

盪鞦韆

讓孩子用手觸摸袋子裡的內容物

爬繩梯

※詳細內容請參閱其他專門書籍。

應用行為分析（ABA）

仔細觀察孩子的行為，準備適當的環境，保持適當對應，目的是增加孩子良好的行為、減少問題行為。

孩子在成長過程中受到環境的影響

孩子從環境中接受各種刺激，邊反應邊成長。例如，起初只會哭的小寶寶，不斷聽到周遭的人說的話，或是接受到適當對應的「刺激」，開始學會說「飯飯」之類的喃喃語。然後，周遭的人會給予鼓勵，改變說話的內容。孩子被稱讚覺得很開心，對周遭的人說的話有更多反應，開始會說簡單詞彙。像這樣，孩子不只會對環境或刺激產生反應，在適當的激勵下，他們會改變行為、成長進步。

改變環境或對應方式

應用行為分析是根據美國心理學家史金納（Burrhus Frederic Skinner）的行為主義理論而來。

仔細觀察孩子的行為，準備適當的環境，保持適當的對應，增加「好的行為」，減少「不好的行為」。

行為增加

當孩子未做出問題行為，做出好的行為時，藉由稱讚，增加良好的行為。

行動減少

當孩子出現鬧脾氣或口出惡言之類的問題行為時，藉由忽視，減少問題行為。

行為主義是心理學的方法之一，人的內心無法得知，周遭能夠讀取的是表現出來的「行為」。因此，將重點放在孩子的「行為」與「變化」。觀察行為的背景，改變導致該行為的環境或對應方式。

開心的事，任誰都想多做幾次，對於無趣的事，慢慢就會失去興致。應用行為分析認為，孩子重複出現問題行為（不好的行為）時，也許是有導致該行為的環境或對應方式，或是對孩子來說，問題行為是「好的行為」。

因此，當孩子做出問題行為時，忽視該行為，製造沒有任何結果（無法變成孩子開心的事）的狀況，「消除」該行為。當孩子做出好的行為時，請好好稱讚他。

應用行為分析（ABA）的概念

應用行為分析（ABA）是 Applied（應用）、Behavior（行為）、Analysis（分析）的縮寫。

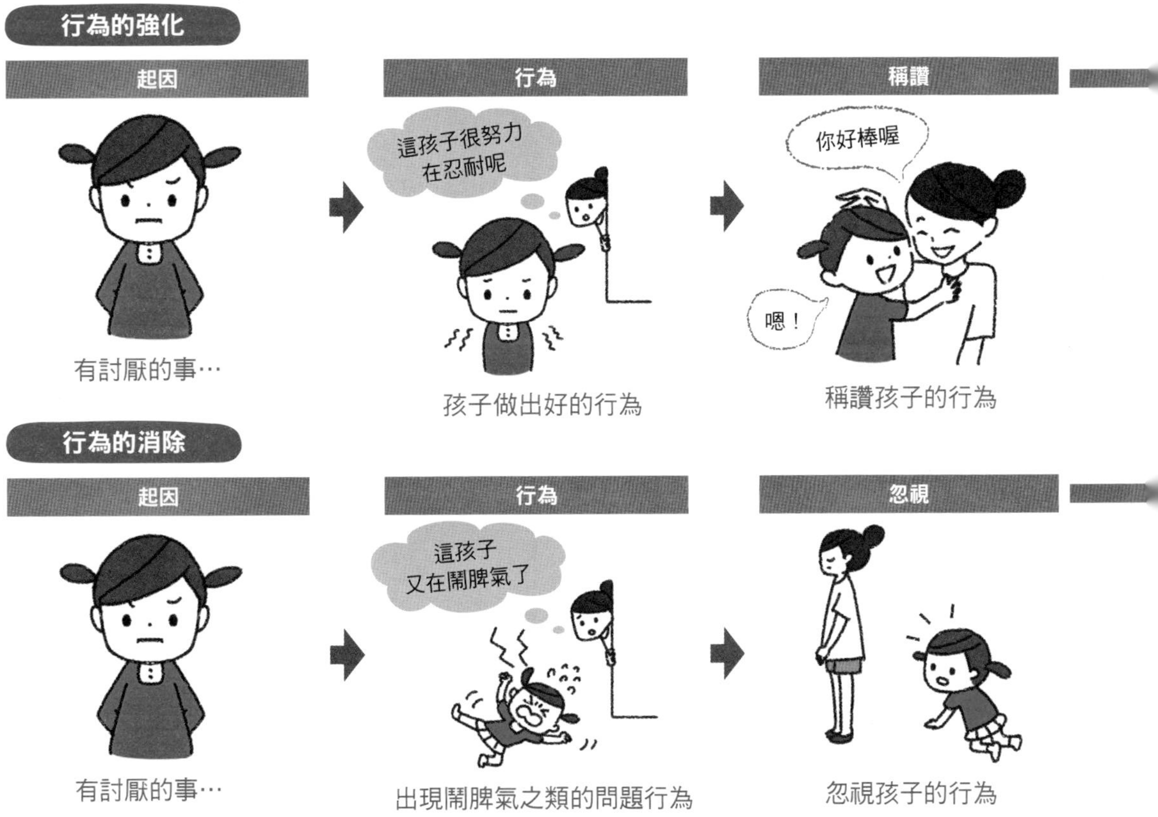
行為的強化
起因
行為
稱讚
這孩子很努力在忍耐呢
你好棒喔
嗯！
有討厭的事…
孩子做出好的行為
稱讚孩子的行為
行為的消除
起因
行為
忽視
這孩子又在鬧脾氣了
有討厭的事…
出現鬧脾氣之類的問題行為
忽視孩子的行為

※詳細內容請參閱其他專門書籍。

其他適合孩子的療育方法

除了前述的方法，療育的方法還有很多。不要只用一種方法，如果是適合孩子的方法，多試幾種沒關係。

選擇孩子喜歡並且能持續的方法

除了前述的方法，療育還有很多種。在此為各位介紹的是，以提升溝通力為目的的療育。

儘管特性各不相同，若是適合孩子的方法，不要只限定一種，多試幾種沒關係。

不知道該接受哪種療育時，觀察孩子的情況，選擇他喜歡且能持續的方式。首先，透過諮詢了解內容，或是進行實際體驗。

※詳細內容請參閱其他專門書籍。

先尋求充實的學童期援助

放學後等的日間服務

學童期的孩子有時會在學習或人際關係上受挫，必須給予不同於幼兒期的對應。放學後等的日間服務是指，為充實學童期的援助，針對學童發起的療育服務。

放學後或暑假等較長的假期，可以在鄰近地區的設施接受援助。服務內容包括溝通技巧的提升、學習方面的協助等。關於放學後等的日間服務，欲知更詳細的內容，請向地方自治團體洽詢。服務對象是有發展障礙或身體障礙、智能障礙的學童。想利用此服務，必須到自治團體申請「日間照護證明」。依家庭收入需負擔服務費用。

透過自由的遊戲或對話，發展溝通力

互動反應學習溝通療育法（INREAL）

互動反應學習溝通療育法（INREAL）是 Inter Reactive Learning and Communication 的縮寫，這個方法是針對語言發展遲緩的孩子，透過大人與小孩的互動，促進溝通、培養語言能力。大人對待孩子的基本態度是「SOUL」：Silence（默契守護）、Observation（仔細觀察不開口）、Understanding（深入理解）、Listening（徹底傾聽）。

此外，對於孩子有各種刺激方式（心理語言學的技法），當中具代表性的有，大人將孩子的行為或心情轉換成語言的平行談話（parallel talk），或是大人將自己的行為或心情、態度轉換成語言的自我談話（self talk）等。

你跌倒啦，
膝蓋都流血了，
很痛吧！

使用圖卡，培養自發性的溝通能力

圖卡交換溝通系統（PECS）

你想要車車對吧
我想玩車車…

圖卡交換溝通系統（PECS）是 Picture Exchange Communication System 的縮寫，這是針對口語溝通有困難的孩子或大人的訓練方法，利用圖卡培養自發性的溝通能力。

首先，將孩子喜歡的東西放在他不會忘記的地方，讓他把畫了想要的東西的圖卡交給溝通伙伴（對面的人），接著正式開始圖卡交換溝通。循序漸進，孩子就能排列圖卡組成簡單的文章或是回答問題。圖卡在家裡或學校皆可使用，而且還能自己做。

關於藥物的使用

部分發展障礙的特性可用藥物控制。
不過，應該先準備好適合孩子的環境、加深周遭的理解，再來討論是否需要使用藥物。

使用藥物前必須確認的事

使用藥物前，有兩件必須確認的事。第一，與醫療機關的信賴關係。第二，心理、社會方面的環境調整。孩子的症狀不只是來自發展障礙的特性，有時所處的狀況也會導致症狀的出現。

例如，有泛自閉症特性的孩子恐慌發作，討論起因為何時，突然想到某件事，於是改善狀況、整頓孩子周遭的環境後，恐慌症狀減少，這樣的情況還不少。

不得已必須服用藥物的情況

然而，有時就算整頓了孩子周遭的環境，仍然必須進行精神科的藥物治療。例如，注意力缺陷過動症的過動、不專心、衝動，孩子本身再努力，還是很難減輕症狀。這時候，就要考慮使用受到認可的「麻黃鹼緩釋錠，商品名稱：專思達（Concerta）」或「阿托莫西汀（Atomoxetine），商品名稱：思銳（Strattera）」。有泛自閉症特性的孩子有時會激動亢奮，得視情況考慮使用具鎮靜效果的「派迷清（Pimozide），商品名稱：好潤平（Orap）」。另外，與家人或孩子討論後，為了改善生活，有時得考慮使用適應症外用藥（Off-label use）。

孩子使用的精神科藥物

在日本，未滿十五歲可以處方的精神科藥物，根據厚生勞動省的規定，符合藥事法（適用保險）的藥物只有，自閉症用的「派迷清（Pimozide），商品名稱：好潤平（Orap）」、注意力缺陷過動症用的「麻黃鹼緩釋錠，商品名稱：專思達（Concerta）」、「阿托莫西汀（Atomoxetine），商品名稱：Strattera（思銳），以及「抗癲癇藥」。

實際上光靠這些藥物多半無法充分治療，醫師經常得開立適應症外用藥（Off-label use，其特定的效用、效果未獲藥事法認可。在日本未被允許當作孩子的發展障礙藥物使用，但海外文獻或醫師的經驗證明具有效果）。因為有時面對眼前的狀況，不得不對孩子進行精神科的藥物治療。

醫師提出使用適應症外用藥時，因為是適應症外的藥物，關於藥效與副作用、優缺點等，有任何不明白的地方都要請教負責醫師。透過充分溝通、取得理解後，再來決定是否服用。

吃藥無法解決一切問題

各位都知道，吃藥無法解決一切問題。有些父母對於用藥能減緩孩子的症狀感到安心，另一方面又覺得依賴藥物很不應該，懷抱著罪惡感。選擇讓孩子使用藥物，要考慮多方面的因素，例如家人的想法、每天要在固定時間服用特定藥物對孩子造成的負擔等，必須經常且持續的討論。

使用藥物前必須討論的事

吃藥無法解決一切問題。
使用藥物前，先思考引發孩子問題行為的原因為何，這點很重要。

準備孩子能夠安心生活的環境。

周遭的人深入理解孩子的特性。

↓

例如：雖然孩子已經很努力，注意力缺陷過動症的特性「過動」、「不專心」、「衝動」難以減輕時…。

↓

考慮使用藥物

接受説明，了解藥效或副作用等，與負責醫師或醫療機關一起思考、仔細討論。

↓

開始服用藥物

使用評價表（P152）等，仔細判斷效果的有無或適當用量，持續注意孩子的情況。

註：針對 ADHD 用藥，目前台灣衛福部核准的藥物有兩種，一是中樞神經興奮劑，包括短效的利他能（Ritalin）和長效的專思達（Concerta）、二是非中樞神經興奮劑，如，思銳（Strattera）。服用這些藥物能明顯改善學齡兒童過動／衝動的症狀產生，但其常見的副作用則包括食慾抑制、胃痛、失眠、體重減輕以及生長抑制等。

藥物使用評估表

服用藥物時，效果的有無或適當用量的判斷非常重要。
仔細觀察孩子的行為，留意副作用，慎重用藥。

經過各種過程，才會決定使用藥物，必須時常留意才能知道是否有效、多少用量最有效，不能只是一昧地吃藥。想知道效果，家裡或學校等，孩子長時間生活的場所的評價，也就是孩子本身及其家屬、關係者的判斷是重要資訊。而且，多數藥物都有副作用，必須確認孩子使用的藥物有無副作用。諮詢負責醫師，逐一明白「應該注意的事、會有怎樣的效果」，像這樣交換資訊。與負責醫師詳談，使用能夠確認效果與副作用的評估表（如下圖），配合孩子的情況調整內容。

藥物使用評估表

※此例是某個有注意力缺陷過動症的孩子。

評估日期	姓名	出生年月日	藥物（mg）	服藥時間	評估時間	記錄者
年　月　日		年　月　日（　歲）				

■ 行動方面

觀　察	活　動　頻　率			
	完全沒有	很少	頻繁	相當頻繁
1. 不休息、好動				
2. 容易亢奮、衝動				
3. 干擾其他孩子				
4. 專注的時間很短				
5. 經常心神不定、坐立難安				
6. 缺乏專注力、容易失去注意力				
7. 容易慾求不滿				
8. 經常動不動就哭				
9. 心情的轉變突然且激烈				
10. 鬧脾氣、情緒爆發會做出預想不到的行為				
11. 健談、多話				
12. 喊叫、放聲大叫				

■ 副作用方面

觀　察	副作用的頻率			
	完全沒有	很少	頻繁	相當頻繁
1. 食慾不振				
2. 體重減少				
3. 睡眠障礙（失眠、熟睡障礙、 夢、起床困難）				
4. 頭痛				
5. 腹痛（胃痛）				
6. 眩暈				
7. 抽搐				
8. 尿床				
9. 起疹、紅斑				
10. 心跳過速、心悸				
11. 焦躁				
12. 不安、緊張				
13. 愛擔心、神經質				
14. 悲觀、異常哭鬧				
15. 看起來很累				
16. 單點凝視、心不在焉、發呆				
17. 社會性自我封閉				
其他				

田中康雄著　《迎向 ADHD 的明日》（星和書店）節錄自附錄 16

註：台灣針對ADHD孩子的用藥評估上，亦未見統一制式的評估表格，評估內容因醫院或醫師而有不同的差異。

7 章

家庭的陪伴及協助

有意義的「特別待遇」

為了讓有發展障礙特性的孩子減緩不安、平靜生活，必須各自給予適合的「特別待遇」。

擬定一套穩定的生活計畫

在語言不通的國家迷了路，又忘了帶地圖和錢包，任誰都會感到不安。有發展障礙特性的孩子，每天都像是活在那樣的不安當中。我們在生活中難免會遇到突發事故，因為可以有某些程度的預測、洞察，所以能想辦法克服。

但是有發展障礙特性的孩子不太能預測事情，即使是些許的變化也會不安，就像在國外迷路的人那樣反應敏感。

用心構思、給予協助，讓孩子能覺得「活著很快樂」。

知道孩子的特性後，能做的事似乎不少。
減緩孩子生活痛苦，我們可以做的事有……

因此，我們要成為孩子的導遊，為他們擬定一套安全穩定的「生活計畫」。最了解孩子的特性及能力、拿手與不拿手的事，正是他們身邊的家屬。本章將從整頓家中的環境到孩子將來的出路、就業、自立等進行說明，請各位詳讀參考。

透過幫忙做事，增加孩子可以自己做的事，讓生活變得有規律。

稱讚使孩子獲得自信、激發動力。

把「幫忙、興趣」列入生活的主軸

擬定生活計畫時，一定要把「幫忙」和「興趣」列入其中。這麼一來，生活會變得有規律、容易預測。讓孩子養成幫忙拿報紙、打掃浴室等習慣，並將那些習慣當成生活主軸。此外，閱讀或聽音樂、勞作等興趣，能夠讓孩子愉快地度過自由時間。為了幫孩子找出適合的興趣，學習才藝也不錯。然後，透過那些活動體驗成就感、受到稱讚，自然會想獲得更多被肯定的機會。可以獨自做的事變多，長大後的自立度也跟著提升。

用心陪伴孩子的家屬，很值得讚許鼓勵。雖然要面對的艱辛困難還很多，考慮到孩子的特性，給予「特別待遇」，為了讓孩子將來能覺得「活著很快樂」、「喜歡自己」、「過得很幸福」，請耐心守護孩子成長的每一天。

對話時以簡潔的話語傳達

部分有發展障礙特性的孩子，看不太懂較長的文章，不了解拐彎抹角的表現，請用簡單易懂的話語與他們溝通。

先集中孩子注意力，再逐一傳達想說的事

有發展障礙特性的孩子當中，有些無法理解內容較長的對話。如果本身也不太會切換注意力，有時會漏聽對話的前幾句話。例如：「好好唸書，然後再去洗澡」，結果孩子沒唸書就去洗澡了。這種態度或許會讓人覺得不聽話，但孩子並非故意那麼做。他只是漏聽了前面的「好好唸書」，加上這句話的意思不夠具體，所以他無法理解。

一句話別說太長

重點 孩子聽不懂內容較長的話

快去洗澡，不然睡覺的時間會變晚，要洗乾淨喔！
蛤？要做什麼？

重點 用簡短的句子，一字一字仔細地說

你聽媽媽說
好！
去洗澡吧！

與孩子對話時，先告訴他「你聽我說」，讓孩子把注意力轉向你。接著逐一傳達想說的事，例如「來寫今天的作業吧」，寫完作業後再說「去洗澡吧」。

一字一字，仔細地慢慢說

例如，告訴孩子「在椅子上坐好」，有些孩子卻是直接坐在地板上。會那麼做，也許是漏聽了前半部的「在椅子上」，只聽到後半部的「坐好」。這時候，請一字一字仔細地說。先讓孩子把注意力轉向你，說完「在椅子上」後，停頓一下再說「坐好」，這樣孩子就會聽從你的指示。

有些孩子比起聽覺，更容易理解視覺的資訊，讓他們看小朋友坐在椅子上的圖或照片會很有效。

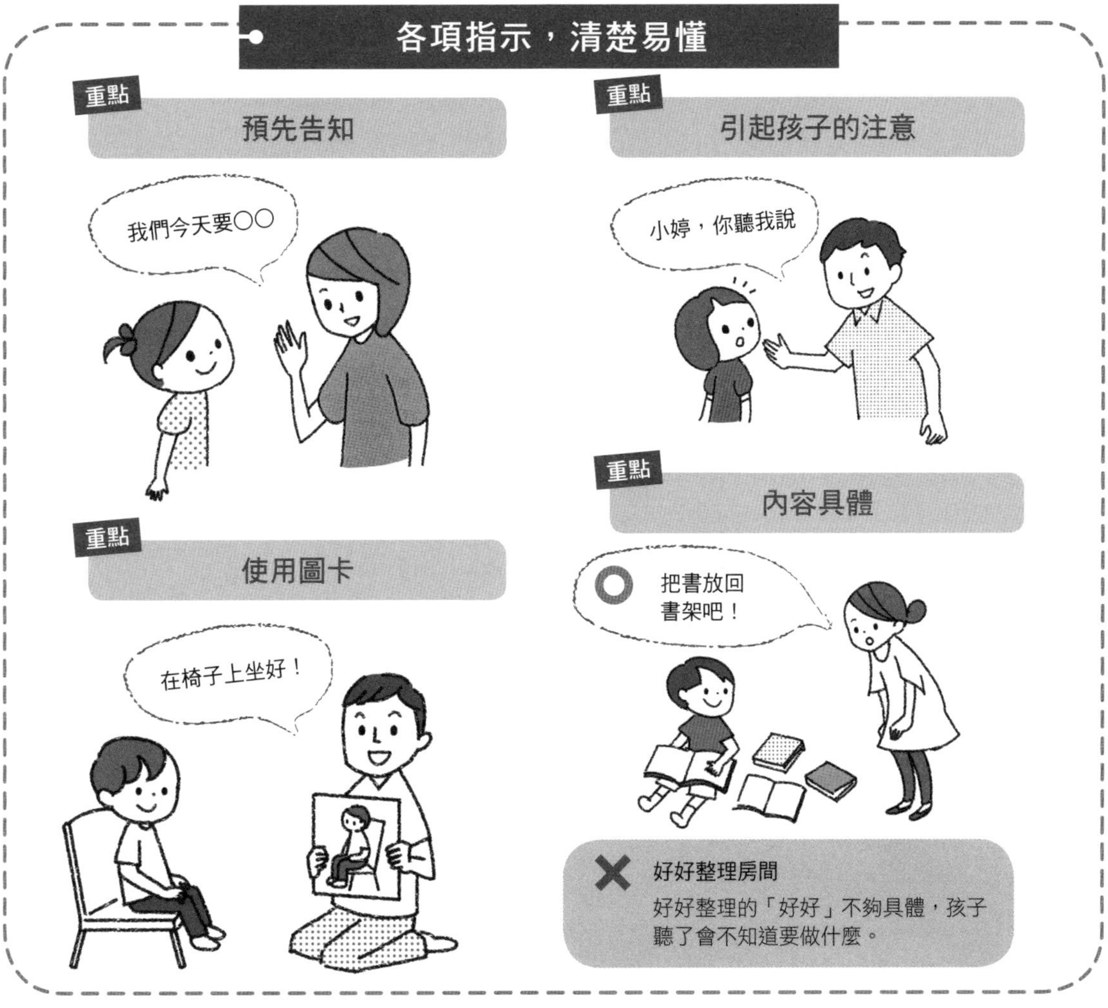
各項指示，清楚易懂
重點
預先告知
我們今天要○○
重點
引起孩子的注意
小婷，你聽我說
重點
使用圖卡
在椅子上坐好！
重點
內容具體
把書放回書架吧！
好好整理房間
好好整理的「好好」不夠具體，孩子聽了會不知道要做什麼。

稱讚勝於責罵

每個孩子受到稱讚都會成長進步。
「與其在意不擅長的部分，不如發展孩子擅長的部分」，這樣的心態很重要。

讓孩子對「良好行為」留下印象

什麼年紀會做怎樣的事，多數人都認為「理所當然」。因此，做不到應該會做的事，或是做了不好的事會被責罵，這是一般人的認知。能夠察言觀色，做出符合當下情況的行為的孩子，這種方法也許適合。但是有發展障礙特性的孩子不太會解讀對方話中的某種意圖，被罵「不可以喔！」也不知道該怎麼做。所以，必須讓他們具體了解被周遭認同、被稱讚的「良好行為」是什麼。

稱讚孩子時的重點

重點 以直接的表現立刻稱讚

重點 降低稱讚的標準，好好地稱讚

怒罵會狠狠傷孩子的心

有發展障礙特性的孩子做出令周遭困擾的行為，那是因為大腦功能的失衡，並非他們不夠努力或懶散，更不是「故意找麻煩」。孩子本身也不知道該怎麼做才好，覺得很混亂、很受傷。在那樣的狀況

下，如果還一直嚴厲責罵孩子，他們非但不知道什麼才是正確的行為，也會缺乏自我肯定，心想「反正我就是很糟糕」、「我沒有半點價值」，像這樣失去自信。孩子已經相當努力，與其在意「不會的事」，請多關注「會做的事」、「擅長的事」，好好地稱讚他們。

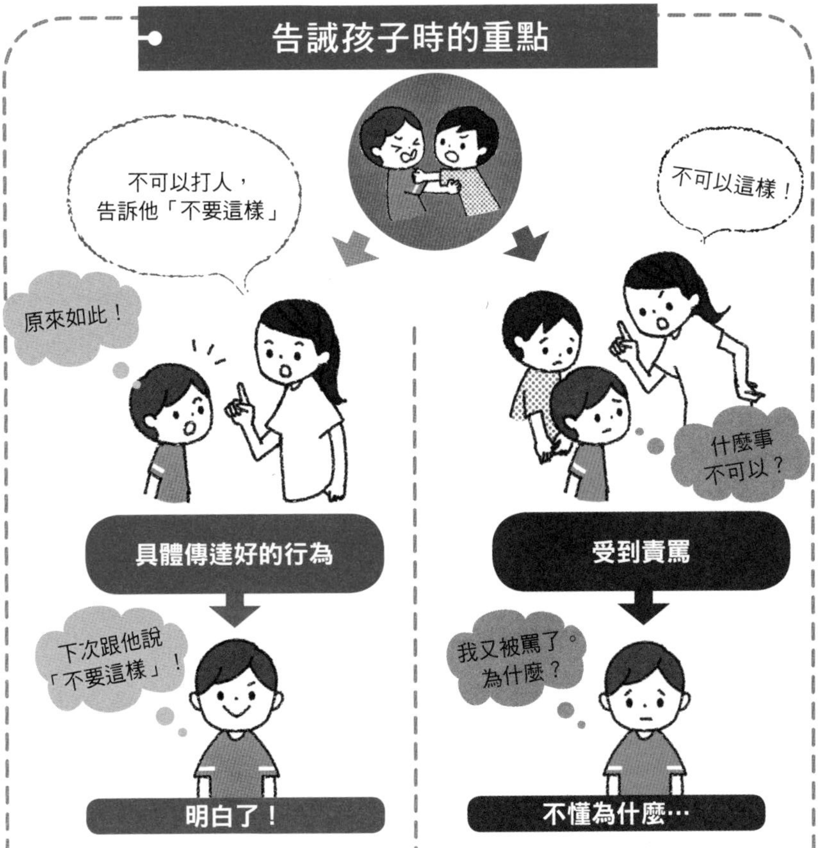

具體傳達應該怎麼做，讓孩子學會做好的行為。

同樣被罵，有發展障礙特性的孩子，不懂什麼事「不可以」。他們只會記住被罵的事。

不責罵，指示具體的方法

當孩子做出不好的行為時，請拋開「那是不被允許的行為」這種大人的反應。但是如果孩子做出危險的事，保持冷靜、有耐心地說明也很重要。例如，一生氣就動手的孩子，「因為〇〇，所以你生氣了對吧」，像這樣代述孩子的心情，不要責罵他生氣的事，接著告訴他「這種時候不可以打人，要跟對方說不要這樣」，讓孩子知道暴力是不對的行為，給予具體的指示。這麼一來，孩子就能慢慢體認好的行為會被認同、被稱讚。

另外，當孩子做出好的行為或是表現良好時，不要覺得「這很正常」，立刻稱讚他「你好棒！」、「你好努力！」，用簡潔的話語直接表達喜悅。稍微誇張的稱讚，讓孩子對良好行為留下印象，往後就會做更多好的行為。

以肯定取代否定的表達

聽到「不可以○○」、「不要○○」，孩子不知道該怎麼做。不要用否定句，而是「○○吧」這樣的肯定句，這點很重要。

具體傳達好的行為

告誡孩子時，我們總會忍不住用否定的說法，例如「不可以○○」。可是這樣的說法，孩子學不會好的行為。因此，說法必須要具體，像是「不可以用手抓著吃」改成「用筷子吃」、「你怎麼還不睡！」改成「去睡吧！」。

別說傷害孩子自尊心的話

「怎麼連這點事都不會！」、「你真糟糕！」這種否定人格的話也很不好，會傷害孩子的自尊心。孩子不知道怎麼做才好，自尊心又

用具體的肯定句傳達

例：水龍頭的水沒關

○ 把水關掉吧

✕ 不要把水一直開著
就算孩子聽得懂，他不一定會想到要把水關掉。

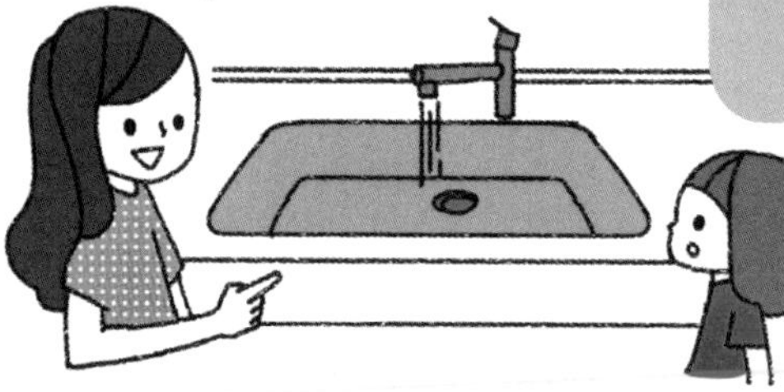

例：不希望孩子在廚房裡玩

○ 去客廳畫畫吧！

✕ 不要在廚房裡玩
就算孩子聽懂了，卻不知道接下來該去哪裡玩。

受到傷害，這樣的經驗一多，孩子說不定會自我貶低，心情持續低落，變成很沒自信的人。

有發展障礙特性的孩子，擅長與不擅長的事有明顯的差異，所以不要抱持著「那個都會做了，這個應該也可以」、「有心做就做得到」這樣的想法。

我們也有不擅長的事，只因為那件事就被否定成「糟糕的人」，心裡會很難過。放慢腳步，適時給予稱讚，增加孩子會做的事，培養自我肯定感很重要。

不要說嘲諷或開玩笑的話

有發展障礙特性的孩子，不太會區分真心話與表面話，不懂玩笑話與實話的差別。所以，聽到別人開玩笑說「你真傻」會非常生氣，被挖苦說「你好會說謊」，反而很開心。

他們聽得懂的是「直接的語言」。例如，有時候大人會說「等一下」、「再努力一點」之類的話，如果改成「到了八點，我們來看繪本」、「這個字再寫五次」像這樣傳達具體的時間或次數，孩子比較容易理解。

使用直接的語言

有時孩子聽不懂慣用語或比喻、反話等。

✕ 好想跟貓借手
→ ○「我好忙」

✕ 你打算什麼時候做？
→ ○「現在來做吧」

替換成孩子能夠理解的話

不太能理解一般表現的孩子，
換成和他們喜歡的事物、身邊的事物有關的說法，他們比較聽得懂。

例：希望孩子動作快一點時

用火車的速度

例：希望孩子安靜時

用 1 號的音量說話

7章 家庭的陪伴及協助

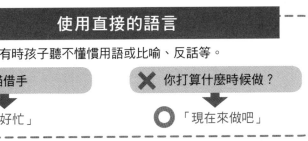

製作預定表並貼出來

知道什麼時候要做什麼事，孩子會非常安心。他們就能積極、專心地去做。

使用圖卡的預定表範例

為了方便孩子確認，貼在顯眼的地方。

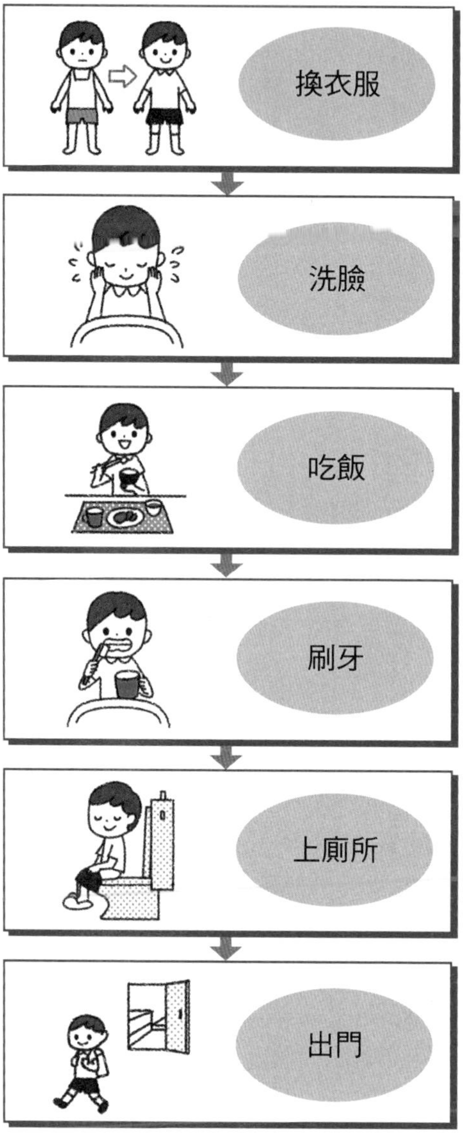

搭配磁鐵白板更方便

- 從優先順序高的事開始貼。
- 搭配圖片或照片，讓孩子一看就懂。

當孩子開始上幼稚園或學校，在某種程度上，他們每天的生活模式已經固定。不過，有發展障礙特性的孩子，不太能感覺時間的經過，如果先讓他們記住「換衣服」、「刷牙」、「上廁所」、「出門」這樣的過程，他們就能照著行動。此外，因為看不到時間，沒辦法從下一個活動來推測，現在的活動還剩多少時間，感覺現在的活動似乎會永遠持續，心裡很不安。使用有圖片或照片的預定表，也就是製作生活計畫，讓孩子看了就知道「接下來應該做什麼」。如此一來，孩子比較好預測會發生的事，能夠安心行動。

我們也是一樣，假如沒拿到劇本就突然被叫上台表演，一定會很困惑。這就和有發展障礙特性的孩子，無法預測而感到不安是差不多的程度。

畫出時鐘圖，培養孩子的時間概念

不懂結束的孩子，在圖卡旁邊畫上時鐘圖是不錯的方法。把要做的事和時鐘圖畫在一起，孩子就能意識到時間的經過，比較容易知道現在進行的活動要做到什麼時候。

不過，一次貼太多圖卡，有些孩子會感到混亂。配合孩子的理解度，先貼出優先順序較高的三～四件事。將圖卡貼在磁鐵白板上，完成了就拿掉，孩子一看就知道接下來要做什麼，也比較好預測。

不懂結束的孩子

在要做的事旁邊畫上時鐘圖，孩子一看就明白。

6點30分
起床
6點45分
換衣服
7點
吃早餐

孩子能夠安心的空間

一個場所只有單一用途，孩子就能安心。為各個場所設定用途的方法稱為「構造化」，不妨試試看。

可以做各種活動的場所，孩子會感到混亂

我們會在餐桌吃飯，除了吃飯，也會在那裡唸書、寫東西、閱讀、用電腦。「相同場所，根據時間與場合，會有其他用途」、「單一場所用於多種目的」這樣的概念，我們可以接受。

可是，有發展障礙特性的孩子，無法接受相同場所因為時間與場合改變用途。他們無法彙整過去的經驗（在該場所做過各種事的經驗）形成概念，所以用途變多，他們會不知道「這兒是做什麼的地方？」，感到很混亂。

全家一起遵守構造化的規則

限定每個空間的用途。

自己的房間
吃飯的地方
看電視的地方
休息的地方
洗澡的地方
這裡是看電視、
休息的地方！

一個場所只有一種意義

為了避免孩子使用空間時感到疑惑、混亂，「吃東西的地方」、「全家在一起的地方」、「媽媽坐的椅子」，像這樣將場所與空間訂定明確的用途，這種方法叫「構造化」。有了明確的用途後，盡量不要放用途之外的物品，家人或兄弟姊妹一起遵守規則很重要。

把孩子的房間分成四個區塊

若家中有孩子專屬的房間，用屏風或窗簾等區隔空間，根據用途分成「唸書的地方」、「玩的地方」、「換衣服的地方」、「睡覺的地方」四個區塊。有視覺敏感的孩子，東西太多反而會造成刺激而分心，把東西收納到有門的櫃子裡，別讓孩子一眼就看到。如果櫃子沒有門，可以用伸縮棒掛上布遮住。

想把家裡或孩子的房間構造化，和專家討論後，用適合孩子的方法去進行。構造化的空間能讓孩子安心，生活變得規律，唸書學習也能集中注意力。

孩子房間構造化的範例

房裡的空間被區隔後，孩子在各區塊能專心做事。

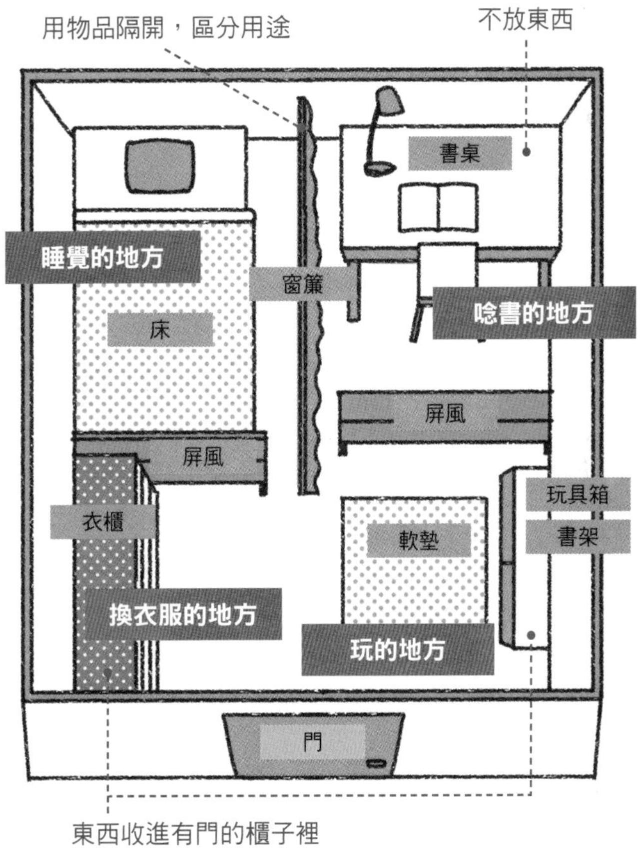
用物品隔開，區分用途
不放東西
書桌
睡覺的地方
窗簾
唸書的地方
床
屏風
屏風
玩具箱
書架
衣櫃
軟墊
換衣服的地方
玩的地方
門
東西收進有門的櫃子裡

積極讓孩子幫忙或學習才藝

**讓孩子幫忙或學習才藝不但能促進成長，
也能提升他們的自立度，有意義地度過閒暇時間。**

積極讓孩子幫忙或學習才藝

有發展障礙特性的孩子平時經常被罵，容易變得沒自信。讓孩子負責生活中的某些事，可以讓他們產生自信，也能因此學會「生活技術」，請積極地讓孩子體驗看看。

剛開始，讓孩子幫忙非常簡單的事即可，例如「早上起床後，把房間的窗簾拉開」、「去外面拿報紙進來」等，從適合孩子且容易做的事做起，逐項傳達作法很重要。邊讓孩子看圖片或照片，邊具體說明，這樣他們比較記得住。然後，等孩子學會做一件事之後，再慢慢增加其他事，如「折洗好的衣服」、「擺筷子」等。很多孩子喜歡玩水，不妨讓他們幫忙洗菜或洗碗。孩子的幫忙不僅幫助到家人，也讓自己被稱讚變得有自信，並且提升自立度。

學習才藝，充實閒暇時間

閒暇時間，我們可以不做任何事就那樣度過，但對有發展障礙特性的孩子，什麼都不做、不知道該做什麼的時間會感到痛苦。如果讓他們幫忙或學習才藝，就能利用到閒暇時間，避免不安造成的恐慌，還能提升孩子的自立度、拓展他們的世界。

學習的才藝，以適合孩子學習步調的項目為佳，如游泳、音樂、書法、繪畫、陶藝等。有社交困難的孩子，不適合以團體行動為主的才藝，像是棒球或足球等。另外，好勝心強的孩子，不適合有勝負之分的才藝。演奏樂器或健行等，可全家一起從事的興趣，能夠增加闔家同樂的時間。

教導孩子時，要逐項說明

重點

從簡單易做的
事開始做

重點

邊讓孩子看圖或照
片，邊具體傳達

讓孩子幫忙折洗好的衣服，喜歡玩水的孩子，可以讓他幫忙洗菜。

早上起床後，
像這樣拉開窗簾喔
拉開窗簾

如果要孩子幫忙拉開窗簾，讓他看拉開窗簾的插畫，反覆地教。

讓孩子幫忙的優點

閒暇時間

不做任何事、不知道該做什麼 → 很痛苦 → 覺得不安，恐慌發作

幫忙做事或學習才藝 → 很快樂 → 提升自立度，世界變寬廣

有發展障礙特性的孩子也能學習各種才藝

※以下僅供參考。

適合孩子學習步調的項目為佳。與家人擁有相同的興趣也不錯。

烹飪
書法
鋼琴
陶藝
游泳

無法完成日常瑣事

換衣服或吃東西、上廁所等日常瑣事，因為身體感覺的薄弱或感覺敏感，有時沒辦法完成。

容易區別、方便穿脫是換穿衣服的重點

有發展障礙特性的孩子，對於身體的底限、手指腳趾等部位的知覺薄弱。例如，腳趾的感覺較弱，無法順利把腳塞進襪子裡。或是手指不靈活，很難扣好釦子。衣服的前後經常穿反。因此，容易區分、方便穿脫的設計比較適合。有感覺敏感的孩子，只想穿特定的材質，選擇孩子覺得舒服的衣物也很重要。對冷熱沒什麼感覺，即使夏天也想穿長袖時，「到了七月就要改穿短袖喔」像這樣教導孩子關於穿衣的常識，他們就會乖乖換衣服。

換衣服時的協助

大一點的鈕釦

穿有釦子的衣服，如果鈕釦或釦眼大一點，孩子比較好扣。

在衣服的前面做記號

衣服的前面有記號，孩子比較容易區分前後。

拿掉孩子在意的標籤

若衣服的標籤令孩子感到不舒服，買來衣服後，立刻剪掉標籤。

教導穿衣服的常識

孩子如果到了夏天還想穿長袖，告訴他穿衣服的常識，他就會乖乖換衣服。

確認孩子吃一口的量

孩子吃到嘴邊髒兮兮，或是食物從嘴裡滿出來時，也許是因為他不知道嘴在臉上的哪裡，或是不明白自己吃一口的量是多少。假如還有咀嚼、吞嚥的困難，食物會一直在嘴裡，沒有吃下肚。此外，當孩子的視線範圍內有電視或玩具等會讓他分心的物品，他就無法專心吃東西，吃得拖拖拉拉。

感覺尿意的練習很有效

沒辦法好好上廁所，可能是因為不太能感覺到尿意。那樣的孩子，有時會在固定的時間上廁所，但如果沒有「膀胱脹脹的、想尿尿，尿完好舒服」的感覺，孩子就不會主動上廁所。此外，廁所的流水聲、氣味或狹窄感，令孩子覺得待在廁所不舒服、不想上廁所，因此想辦法讓孩子覺得廁所是舒適的空間也很重要。

用餐時的協助

小勇的一口
大概是這樣喔！
嗯！

嘴邊很髒、吃得到處都是

- 讓孩子親眼確認自己吃一口的量是多少。
- 提供能夠專心吃東西的環境。

不小心吃了別人的食物

- 放上餐墊，孩子就能清楚知道自己的餐具在哪裡。

如廁時的協助

真舒服！
呼～
好想尿尿喔～

把孩子的尿布或褲子濕了的間隔做二星期左右的記錄，若排泄節奏很規律（間隔約是 90～120 分鐘），膀胱變脹後，孩子應該很容易感覺到尿意。如左圖所示，累積感覺尿意的經驗，讓孩子因為排泄節奏察覺尿意，再帶他去上廁所。

當孩子偏食或睡不好時

孩子偏食或睡不好，父母都會很擔心。
仔細想想，怎麼做能讓孩子可以開心吃睡很重要。

就算孩子偏食也別太在意

有發展障礙特性的孩子，因為在味覺等方面有感覺敏感，飲食上會出現偏異。

像是討厭特定食物的口感、只吃溫熱（或冰冷）的東西、只吃（或不吃）麵類、只吃特定品牌的食品、特定顏色的東西不吃等，偏食習慣形形色色。此外，對於沒看過的東西會感到排斥的孩子，有時只吃白飯不吃配菜。

看到孩子這樣偏食，雖然擔心「營養不均衡」，但多數的孩子隨著年齡增長，能吃的東西會慢慢增加，偏食情況漸漸改善，所以不必

如何改善孩子偏食的情況

試吃一口
別的食物
先吃喜歡
的東西

給孩子愉悅的用餐環境

先讓孩子吃喜歡的東西，別的食物他也會試著吃一口。

✕

不停責罵，孩子只會越來越不喜歡吃東西

一直大罵「快點吃！」，孩子會想「我是壞孩子嗎？」，造成他們的自尊心受傷。

快點吃！
我是
壞孩子嗎？

太在意。假如強迫孩子吃或嚴厲責罵，對孩子會造成負面影響。先讓孩子吃想吃的東西，再慢慢讓他試吃其他食物。

培養睡前儀式

不少父母為了孩子睡不好或熬夜而擔心，有發展障礙特性的孩子，睡眠節奏容易混亂。不太會切換注意力的孩子，玩的很投入時，就會一直玩下去，對睡覺這件事感到不安或害怕，不願意睡。

雖然睡眠時間因人而異，但白天想睡、注意力降低，可能就是睡眠不足所致。睡眠習慣對調整生活節奏很重要。就寢前播放溫和的音樂、唸孩子喜歡的繪本給他聽，像這樣養成入睡的習慣，成為一種睡前儀式，孩子就會容易入睡。

如何改善孩子睡不好的情況

白天

白天讓孩子盡情地玩，身體適度的疲累也很重要。

晚上

在睡前做某些事，例如唸故事書給孩子聽、放音樂等，成為睡前的儀式。睡前一個小時洗澡，讓上升的體溫自然下降，孩子會變得想睡。

孩子早上自己起床，要好好稱讚他

有發展障礙特性的孩子，在家以外的地方經常感到生活痛苦，所以必須建立能讓孩子安心的家人關係。孩子早上好不容易起床，不要責罵他，而是稱讚他「你自己起床啦」。早上花太多時間準備時，如果一直罵孩子「快一點！」，只會越來越不耐煩，不如適時地出手幫忙。無論責罵或稱讚，孩子每天早上做的事都一樣。既然如此，用肯定的話語，笑著對孩子說「路上小心」，彼此都會感到輕鬆愉快。

語言發展遲緩的時候

語言發展有很大的個人差異。隨著成長，孩子會變得越來越會說話，請耐心地守護他，與孩子一同快樂成長。

身心成長是語言的基礎

孩子變得會說話，必須具備「發言」的各種能力。具體來說，究竟需要怎樣的能力呢？聽語治療師中川信子曾做過簡單易懂的說明，引述如下：

「大腦是堆積而成的構造，若以日本過年用的鏡餅（註）為例，最底層的鏡餅代表掌管身體的大腦、第二層代表掌管心的大腦，擺在最上方的橘子代表掌管智力及語言的大腦。假如沒有最底層的鏡餅，就沒辦法擺第二層，沒有第二層的鏡餅，就沒辦法擺橘子。」

也就是說，剛出生的小寶寶，不斷透過吃、玩、睡，使身體成長發育。自己的心情被理解覺得放心，像這樣培育內心。當這些「發言」的基礎穩固後，「知道」、「記憶」、「了解」、「模仿」、「說」等智力及語言的功能開始發揮作用。

註：扁圓形的年糕，一般是一大一小重疊在一起，有些地方是三個重疊，日本人過新年時，會放在家中裝飾，祈求新年順利平安。

吃、玩、睡 語言的基礎

語言的基礎是在每天的生活中培育而成。

別著急，從旁守護孩子

即便還不會說話的小寶寶，也希望自己的心情被了解，所以當他有了表現力，就會開口說話。但，有發展障礙特性的孩子，對他人缺乏關心、不易產生共鳴，這對語言的發展多少會造成影響。

能與人建立良好關係的互動，對語言發展是很重要的事。與其急迫地要求孩子「快點！快點！」，不如仔細想想怎麼和孩子共度快樂的時光，伴隨孩子的成長步調，耐心守護他。

透過遊玩，培養共鳴

陪孩子玩他喜歡的遊戲，邊藉由肌膚接觸，邊告訴他「好開心喔」、「好好玩喔」，培養孩子的共鳴。「鬼抓人」或「背背」、「搔癢」這些遊戲都可以累積與人接觸很快樂的經驗。當孩子體驗到這些遊戲的樂趣，「我還想再玩！」的心情會透過表情或動作傳達出來。「笑」是很棒的發聲練習，看到孩子的笑容，也會覺得孩子更加可愛了。

若是有觸覺敏感的孩子，討厭肌膚接觸、警戒心也很強，所以要保持距離。玩的時候不要面對面，而是併坐在一起。

先讓孩子看你玩得很開心的樣子，偶爾接受專家的建議也可以。一定會有孩子喜歡的遊戲，或是能引起他注意的事物，不要著急，創造屬於孩子的「快樂時光」。

培養共鳴的遊戲

陪孩子一起玩，
讓他們累積與人接觸很快樂的經驗。

搔癢

試著往孩子不抗拒被摸的部位搔癢。如果孩子有感覺過敏，請不要勉強。

盪鞦韆

「好開心喔」試著把孩子的感受說出來。推背也是一種肌膚接觸。

不要執著於讓孩子記住話該怎麼說

有些孩子很難學會怎麼說話。無法傳達自己的想法，孩子本身也很著急。重要的是，讓孩子養成向周遭傳達自己的心情或希望，理解周遭向自己傳達了什麼的能力。好好重視孩子想與人互動、溝通的心意。

恐慌發作時

因為強烈的不安或恐懼、衝突或混亂，有時孩子會陷入恐慌（激動亢奮的狀態）。了解恐慌的原因很重要。

探尋孩子恐慌的原因

年紀小的孩子經常大哭大鬧、發脾氣，大部分的原因都是事情不如自己所願。

但是有發展障礙特性的孩子，感到不知如何是好的強烈不安或恐懼、衝突或混亂時會變得恐慌。

恐慌的發作看似突然，令周遭的人感到困惑，孩子會那樣一定有他的理由。重點是要找出恐慌的原因，思考孩子的特性，想想是什麼事促使他變成那樣。

孩子不是耍任性，而是心情無處宣洩

部分有發展障礙特性的孩子，不喜歡變化、無法靈活轉換心情、有感覺敏感、聽不懂玩笑話、偏執強烈，在感受方式或接受方式不同於其他孩子。因此，周遭的人覺得沒什麼的事情，卻會成為孩子混亂的原因，出現感情失控的情況。而

恐慌發作時

先找好能讓孩子冷靜下來的場所，
一旦恐慌發作，把孩子帶去那兒，
從旁守護他。

出現自殘行為時

孩子做出自殘行為時，
與其出力制止，不如陪伴在旁，
防止孩子受傷，等他冷靜下來。

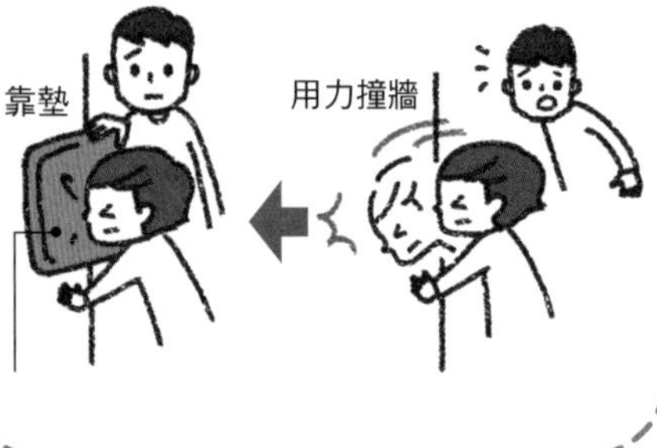

且，因為心情難以顯現於表情，也不懂得怎麼向對方傳達感受，所以無法向周遭的人尋求協助，減緩內心的不滿。不斷地獨自忍受，最後導致恐慌發作。

有發展障礙特性的孩子的恐慌絕非耍任性。孩子的心情無處宣洩，被逼到走投無路才變成那樣，希望各位能夠理解。

過去的事也可能是恐慌的原因

因為難以理解時間的概念，有時會將過去的事記成現在的事。也會經常出現「替代經驗（vicarious experience）」的情況，宛如「時光倒流」想起過去討厭的事。等孩子恢復冷靜，問他討厭什麼，他會說出像是小時候被狗追的經驗等。

表現心情的練習

「現在的心情是圖表中的哪一個」，讓孩子練習傳達心情，在感情失控前，比較容易向周遭表達自己的狀態。

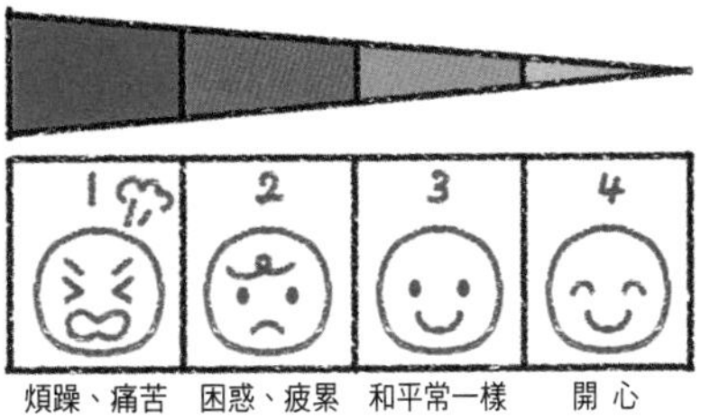
1
2
3
4
煩躁、痛苦
困惑、疲累
和平常一樣
開心

現在差不多是2……
現在是3喔！

有時孩子會傷害自己

有些孩子情緒激動起來會咬自己的手、用頭撞牆，做出「自殘行為」。假如出手制止，反而會讓情況變得更嚴重，變成咬大人的手或打大人的「他傷行為」。為避免孩子及周遭的人受傷，若現場有丟了會造成危險的物品，趕緊移開，默默在旁守護孩子。過了一段時間，孩子的恐慌就會消失。

其實這樣的混亂，對孩子來說非常痛苦難受。理解孩子的特性後，若有造成孩子混亂的原因，如臨時的行程變更、感覺敏感等，先解決這些部分很重要。

也要重視其他的孩子

父母的心思都放在有發展障礙特性的孩子身上，其他兄弟姐妹只好忍耐，必須讓其他孩子也能感受到父母的愛。

聽話或許是刻意裝出來的

許多父母都是第一次照顧有發展障礙特性的孩子，每天都有感到困惑的事，必須時時刻刻留意孩子，體力上也是很大的負擔。如果家中有其他孩子，「其他孩子也得顧到……」就算有這種想法，生活重心還是會放在有特性的孩子身上，所以沒有多餘時間去照顧其他孩子。

孩子終究是孩子，當然也想向父母撒嬌。向父母撒嬌能培養孩子的自尊心、學會自立。因此，當其他孩子很乖很聽話時，不要有「這

對其他手足的關懷照顧

為其他孩子提供躲避的場所

休息
哭鬧

有特性的孩子鬧脾氣或恐慌發作，有時對其他孩子會造成壓力。為他們提供暫時躲避的空間。

讓孩子記住關於特性的知識

別把其他孩子當成小小爸媽，讓他們對特性有一定程度的理解或關心，覺得擁有能在生活中實踐的具體知識是件好事。

沒錯
為了讓她專心，
要把玩具收起來對吧！

孩子都沒抱怨，應該是沒問題」的想法，而是要想「他真的很努力在忍耐」。

此外，有些孩子不太會表達心情，對於其他孩子也要適時的關懷照顧，這點很重要。

與其他孩子獨處的時間

偶爾騰出和其他孩子獨處的時間，只去想那個孩子的事。陪孩子盡情玩他想玩的遊戲，做孩子喜歡吃的東西，或是只聽孩子說話也可以。也要對其他孩子說「我好愛你」、「你很重要」這些話，眼神對上時要給他微笑，經常透過言語及態度表達你對他的愛。

其他孩子開始幫忙照顧有特性的孩子後，等他長大一點，有時會有「小時候爸媽都不管我」、「不想再被拖累了」之類的想法，不想再和有特性的孩子接觸。對有特性的孩子來說，這一生最能理解他們的，還是家人。因此，要讓有特性的孩子與其他孩子對彼此的存在感到「開心」，也要讓其他孩子感受到父母的愛。

讓其他孩子獨佔父母的時間

我想看電影，然後去吃好吃的東西～
今天你想去哪裡？

定期騰出讓其他孩子獨佔父母的時間，為避免這段時間被打斷，建議不妨外出。

也要注意其他孩子的特性

有時其他孩子也有興趣的偏好或不易轉換心情、不懂得表達心情等特性。為減緩其他孩子的生活痛苦，請好好留意他們。

感到育兒辛苦時

養育有發展障礙特性的孩子，想必會有很深的煩惱。感到育兒辛苦時，不要獨自煩惱，盡快找人諮詢討論比較好。

養育有特性的孩子，煩惱總會加深

強烈的偏執或衝動的行為、恐慌、很難溝通等特性，不管父母怎麼說，就是無法立刻獲得改善。父母陪在孩子身邊，努力地想要理解他們的心情，卻被周遭的人指責自己管教不夠，面對行為激烈的孩子又得時時留意，實在是身心俱疲，經常感到喘不過氣。

因為必須考量到孩子的特性，「我這樣做到底對不對」有時會對育兒感到沒自信，這可能也是煩惱加深的原因之一。

別把自己逼太緊，多去留意做得到的事

在那樣身心俱疲的育兒過程中，不少父母會有「忍不住罵了孩子、很想放棄、把氣出在孩子身上」之類的心聲，或是「我說的話孩子聽不進去、不懂孩子在想什麼、總覺得孩子一點反應都沒有」，煩惱日漸加深。

感到育兒辛苦時，或許是因為太勉強自己。別把自己逼太緊，就像不去在意孩子不會的事，多去留意他們會的事，試著向其他人坦白自己的心情。

育兒過程中容易產生的壓力

- 又忙又累，無法休息，也沒有可以拜託的人。
- 一直睡眠不足。
- 得不到家人或學校、幼稚園的理解。
- 孩子經常出狀況，總是在道歉。
- 被指責是自己管教不夠。
- 沒有多餘的心力照顧其他孩子。
- 無法理解孩子。
- 不知道怎麼對應孩子。
- 對養育孩子沒有自信。
- 不希望孩子被診斷有障礙。
- 不知道該去哪裡找人諮詢。
- 孩子的發展障礙是不是治不好了，老想著這件事。
- 沒有自己的時間。

支持家屬的援助

與家屬聯誼會或其他有經驗的父母保持互動

日本全國各地都有家屬聯誼會或NPO法人的支援團體。針對發展障礙的特性進行交流學習或資訊交換等，讓有相同煩惱的父母取得連繫。

近來，各地區也經常舉辦「家長指導（parent mentor）」，那是讓有實際經驗的父母，為有育兒煩惱的父母提供具體建議的活動。育兒沒有一定的正確答案，與家屬聯誼會成員或與有經驗的父母對話，「原來養孩子的方式那麼多」、「這種方式很適合我家的孩子」，不少人重新找回積極面對的勇氣。有人了解自己的育兒辛苦，對未來也不再茫然不知，光是這樣就覺得有信心，不必再獨自煩惱。

支持家屬的援助

反思父母對應的親職訓練

參與重新審視對待孩子的心態的「親職訓練」也是方法之一。親職訓練不是針對有發展障礙特性的孩子，而是以父母為對象的支援活動。透過群體合作或個別指導的方式，理解孩子令周遭困擾的行為，學習怎麼做才是正確的應對。目前多半是由自治團體或醫院、大學、家長聯誼會等舉行為期多天的講座。有興趣的話，請向地方政府的福祉部門等處洽詢。

就算參與過親職訓練，不代表往後一切都會很順利，只能把這樣的活動當成育兒支援之一。參與前，先確認是否需要付費、內容是否符合你的狀況，這點也很重要。

覺得孩子不可愛的時候

覺得孩子變得不可愛，或許是父母太勉強自己，沒有餘力再應付下去。擁有自己的時間也很重要。

沒有餘力，就會感到疲累

有發展障礙特性的孩子，睡眠時間不固定、總是動來動去，必須時時留意，使得父母無法好好休息。做家事、帶小孩不像上班可以請假，睡眠不足或疲勞、過度的壓力全擠在一起，令人身心俱疲。

在這種狀態下，實在沒有餘力去想孩子很可愛。不少父母應該都有這樣的煩惱，不過那並不是「對孩子沒有愛」，只是「因為太累，沒有餘力去愛孩子」。

給自己適時休息的時間，才能消除疲勞、重振精神

為了避免累過頭，適時的休息很重要。

育兒過程中會把孩子當成生活重心，自己的事總擺在最後，累到沒有餘力，結果可能會責罵、體罰孩子。適時地提醒自己與孩子分開，稍作休息或是做自己有興趣的事，消除疲勞、重振精神。

有些父母會覺得「照顧這孩子不容易，沒辦法交給別人」。此時，可向地方政府的福祉部門等處諮詢，利用地區的臨托服務或保母、短期照護也是方法之一。

另外，父母也有擅長與不擅長的事。如果是對料理或裁縫不拿手，可以使用市售品，如果是對打掃或洗衣服不拿手，可以使用家電用品。若能委託自治團體的家事助理等服務，不妨利用看看。即使無法完全解決家事或壓力，一定還是能找到適合自己的方法減輕負擔。

慢慢來就好，別心急

孩子靜不下來或健忘等情況很嚴重時，看著眼前的孩子想到他的將來，「這孩子有辦法生存下去嗎？」內心忍不住擔憂焦慮，或許會用很兇的語氣罵孩子。

與其去想很久的將來，請多看看現在的孩子

孩子受到稱讚，會激發出意志力或能力。就算有發展障礙的特性，如果從小給予適當的回應，不少孩子會變得情緒穩定、充滿自信，長大後進入社會工作，懷抱希望度過人生。也就是說，兒時累積被關愛的體驗非常重要。

考慮孩子的將來時，重點不是想十年、二十年那麼久以後的事，而是半年後、一年後等比較近期的事。然後，回顧過往「已經會做這樣的事」、「也學會那樣的事」，對孩子的進步給予稱讚。雖然孩子現在能夠學習、可以安靜地坐著也很重要，但長大後能夠支持他的是「我喜歡自己」的堅定自尊心。仔細想想，孩子的童年其實很短暫。有緣成為一家人，思考怎麼做才能和孩子開心度過每一天。

Q&A

Q 因為孩子不聽話，就忍不住動手怎麼辦？

A 首先，我必須說每天都很有耐性不斷向孩子說明的父母，很值得被慰勞鼓勵。

沒辦法體會別人心情的孩子，會讓周遭的人感到煩躁，養育這樣的孩子，心裡的壓力肯定不小。就算想冷靜，還是忍不住動手。當然，暴力或大聲責罵不是管教孩子的方法。如果忍不住打了孩子，首先盡快將孩子帶離現場，讓自己冷靜下來。

然後，向孩子道歉，告訴他「打人是不對的，對不起」，再慢慢教導他怎樣才是對的行為，並且對他說「我很愛你」、「你很重要」，肯定孩子的存在。

如何預防「次發性障礙」

因為周遭親友的不理解等理由，使孩子變得叛逆、足不出戶（繭居），這稱為次發性障礙，自尊心受損也是原因之一。

起源於周遭不理解的次發性障礙

「次發性障礙」是指有原發性障礙的孩子因為特性在生活或人際關係上受挫，卻又無法自行解決，為了許多失敗或挫折而煩惱，加上周遭的人不理解一直受到責罵，變得無法肯定自己，導致感情或行為產生偏差，出現過度反抗或足不出戶（繭居）的症狀。

不少有發展障礙特性的孩子，再怎麼努力也得不到回報，總是遭受這樣痛苦的失敗或挫折。如果周遭的大人盡早察覺孩子的特性，就能做出不傷害孩子自尊的對應，但如果沒有察覺，孩子從小很有可能受到不理解或不適當的方式養育，容易引發次發性障礙。

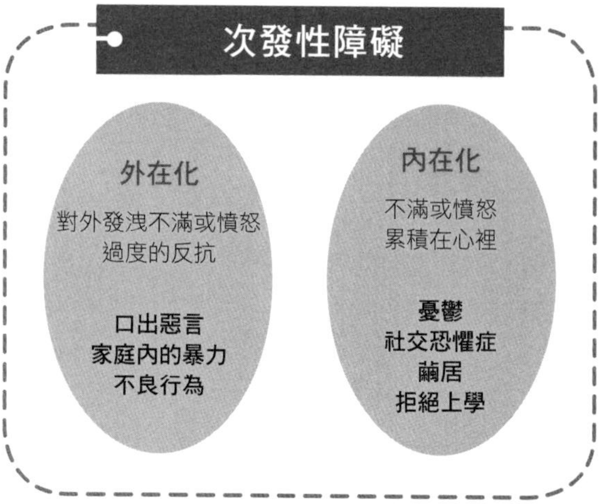
次發性障礙
內在化
不滿或憤怒
累積在心裡
憂鬱
社交恐懼症
繭居
拒絕上學
外在化
對外發洩不滿或憤怒
過度的反抗
口出惡言
家庭內的暴力
不良行為

霸凌或學業表現不佳也可能是原因

學校是大家必須一起進行相同行動、遵守相同規則的場所。但是有發展障礙特性的孩子很難對周遭的人妥協忍讓，出自特性的舉動產生誤解，經常成為被嘲笑或霸凌的對象。

另外，學校也是學業表現差異明顯的地方。有發展障礙特性的孩子有時因為特性跟不上功課進度，感覺自己是班上的負擔，自尊心因此會受損。

次發性障礙是孩子發出的求救訊息

次發性障礙的症狀可視為自尊心受損的孩子所發出的「求救訊息」。孩子會做出令周遭困擾的行為，是因為「正為了某件事而煩惱」，必須找出原因、給予協助，減緩孩子的生活痛苦，甚至還要誇獎他「你做得很好」。

不過，比起發展障礙的特性，次發性障礙的症狀，令周遭困擾的舉動更激烈。

因為容易給人「故意」的感覺，孩子原本是為什麼而受挫反倒不易被了解，更難被察覺「可能有發展障礙的特性」。這是次發性障礙的難點，必須妥善予以對應。

在孩子能夠安心的場所，好好稱讚他

有發展障礙特性的孩子，在家以外的地方經常感到困難。所以，必須把家裡「構造化」，提供孩子能夠安心生活的環境，不要一直責罵、體罰，建立互相體諒、和諧的家庭關係。此外，就算一個也好，找出能引發孩子意願、讓他產生自信，覺得「做這個很快樂」、「這個我很拿手」的事。然後，好好稱讚孩子的表現。

假如，孩子出現過度的反抗或足不出戶（繭居）等症狀，父母也別孤立自己，參加家長聯誼會等，與他人交流互動很重要。利用各種教育管道，思考如何幫助孩子走出困境、重新振作。

引發孩子的意願

累積成功經驗

為了讓孩子產生自信，當他做出好的行為時，多多稱讚他，好好誇獎他。

關懷或協助

學業表現不佳會傷害孩子的自尊心。為了讓孩子跟上進度，細心關懷、從旁協助。

與地區的人交流互動

為避免有發展障礙特性的孩子發生意外或捲入犯罪之中，與地區鄰居交流互動，讓對方成為協助的力量。

與地區鄰居交流互動，可防止育兒上被孤立

為了照顧有發展障礙的孩子，不少媽媽會辭掉工作。如果又是第一個小孩，過去總以工作為生活重心的人，在地區內沒有認識的人，育兒上經常感到孤獨。擔心孩子不小心迷路或是恐慌發作造成周遭的困擾，就連外出也感到猶豫。

可是，如果和孩子一起待在家裡足不出戶，對孩子將來的自立並不是件好事。多去認識地區的鄰居，以親切態度對待孩子或父母的人也會變多。和附近的鄰居或店員打招呼，盡量參與地區的活動，慢

如何與地區鄰居交流互動

先從打招呼開始

把孩子的特性告訴別人必須鼓起勇氣，先從打招呼開始，認識的人變多，就能成為在地安心生活的心靈支柱。

你好！
Flower shop
你好！

就算是家人也要訂立規則

有發展障礙特性的孩子，比起別人的心情，更在意自己的心情，有時不管看到誰都會打招呼，遇到不認識的人也會主動親近對方。為了避免孩子發生意外或捲入犯罪，先在家裡訂好規則，讓孩子遵守。

不可以隨便跟陌生人走喔！
嗯！

慢增加認識的人。有時候，和人聊聊天就能讓心情變好，或許還會遇到有相同煩惱的人。

讓地區鄰居成為協助的力量

活潑好動、對自己有興趣的事會很著迷的孩子，只要父母一不留神就會跑到別的地方。但是這樣的特性從外表看不出來，就算孩子迷了路也很難察覺異狀。

為了避免孩子發生意外或捲入犯罪，與地區鄰居交流互動很重要。把孩子的特性告訴認識的鄰居或大樓管理員、常去的商店街或超市的店員、站務員、派出所的員警等，當他們發現孩子自己一個人，或是和不認識的人走在一起就會幫你留意。

希望周遭的人這樣對待孩子

孩子主動攀談時，請靜靜傾聽，這樣他會很開心

因為想與人互動，經常主動向周遭的人攀談。如果孩子有這樣的情況，試著告訴周遭的人「也許您會覺得聽不懂，但如果可以，請聽他說說看，這樣他會很開心」。

如果看到孩子好像很困惑、和平常的感覺不一樣，請和他說說話

有發展障礙特性的孩子，就算遇到麻煩也不會主動說出口。和他們對話時不要用否定句，用肯定句他們比較聽得懂。

和孩子說話時，請不要碰觸他的身體

有感覺敏感的孩子，有時只是輕輕碰到身體也會感到不悅。試著告訴對方，不要碰觸孩子的身體，這樣他比較安心。

選擇托兒所、幼稚園、小學的重點

托兒所或幼稚園、小學是孩子長時間生活的場所。請選擇方便聯繫，孩子能夠安心的地方。

選擇托兒所、幼稚園時的重點

多數的托兒所或幼稚園會提供參觀機會給家長。透過開放園內空間或吃午餐的體驗等，了解園內平時的氣氛或孩子們的情況。此外，確認保育、教育方針也很重要。把孩子的特性坦白告訴園長或負責接待的老師，確認園方會如何應對。

讓孩子安心是重點。所以理解孩子的特性，若有必要，由沒有負責帶班的老師幫忙留意照顧，可事先預防孩子恐慌發作的環境比較令人放心。

一旦孩子入所或入園後，為了加強與托兒所、幼稚園的聯繫，仔細保持連絡，有在意的事就請教班導師。父母也要坦白說出自己的意見，建立互相體諒的關係很重要。

選擇小學時的重點

除了孩子能夠安心，學習上的照顧也很重要，多數的小學會開放校園，提供參觀校內或上課情況的機會。決定好想就讀的小學後，盡快多去參觀幾所小學，坦白說出孩子的特性，確認校方的態度。讓孩子安心上學、快樂學習很重要。家人之間好好討論，請教了解孩子內心的專家，如負責醫師或托兒所、幼稚園的老師、療育設施的專家等的意見作為參考再做決定。

孩子入學後，和導師、負責家長諮詢的「特殊支援教育專員」仔細保持連絡、密切聯繫。

小學入學前的經過（日本方面）

4月～6月左右	收集地區小學的資訊（有無特教班等）。
7月～9月左右	向自治團體的教育委員會進行就學諮詢。參觀希望就讀的小學、確認支援體制。
10月～11月左右	選擇學校。接受就學健檢與面談。
12月～1月左右	受理就學通知。
4月	入學。

※上例僅供參考，詳細情況請向居住地的自治團體洽詢。

註：在台灣，若是有身心障礙的幼兒或學童選擇托兒所，幼稚園及小學時，主要鑑定安置規定為遵照「特殊教育法」http://goo.gl/URXs4U進行，需要經過一定流程的鑑定安置會議，由專業團隊共同召開會議，決定適合該生的安置場所，例如，若台北市的身心障礙幼兒需要進入公立幼兒園的話，需要進入一定程序的安置流程，可參考以下網址http://goo.gl/gQlgQu。

特殊支援教育

「特殊支援教育」是根據《學校教育法》所設立，目的是充實日本各校對有障礙的幼兒學童的支援活動。為了讓有障礙的幼兒學童培養自立、參與社會的必要能力，掌握每個孩子教育上的需求，將其潛能發揮到最大，改善生活或學習上的困難，給予適當指導或必要協助。

特殊支援教育專員

從教職員中選出，負責家長的諮詢對應、與相關機構聯繫、協調。

各種學習環境（日本方面）

特殊支援教育將學習場所分為「普通班」、「資源班」、「特殊班」、「特殊學校」這 4 種選項。

托兒所、幼稚園 ⇔ 療育機構

↓

小學

普通班

小班教學或能力分班等。也有支援人員的支援。

資源班

學籍設在普通班，接受適合特性的指導。

⇔ 交流 共同學習

特殊班

針對有障礙的孩子進行個別化教學。

⇔ 交流 共同學習

特殊學校

以障礙程度較重的孩子為對象，進行較專業的教學。

決定好就讀的學校後

- 事先告知校方的事

孩子對其他孩子是否缺乏關心、能否安靜聽大人說話、能否獨自上廁所或吃飯、有無感覺過敏等，坦白告訴校方孩子「會做的事、拿手的事」以及「不會的事、不拿手的事」。此外，也要讓校方知道你希望孩子過怎樣的學校生活、受到怎樣的教育。

- 事先詢問校方的事

當面請教老師，確認包含教育方針及人力在內的入學後支援體制等。

※根據日本文部科學省的「特別支援教育」手冊進行部分修改。

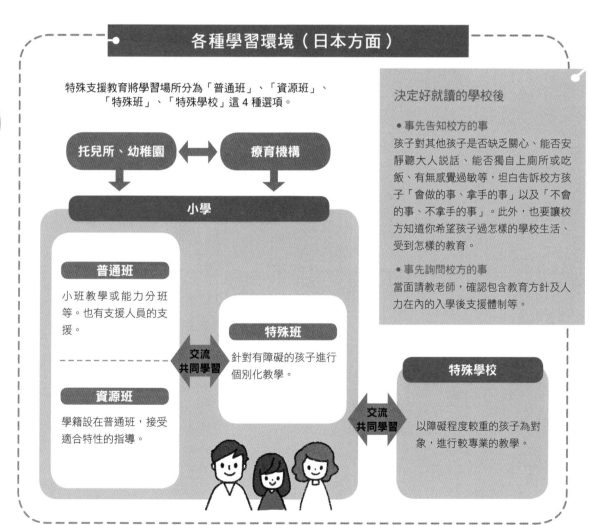

國高中等的升學

升上小學高年級後，孩子開始具備自我判斷的能力。選擇將來就讀的國高中時，也要尊重孩子的意願。

選擇國中時的重點

首先，回顧孩子的小學生活，試著直接問問孩子，小學生活過得如何。在日本，特殊支援教育會延續至國中，但一直以來都在普通班的孩子，也許真正的想法是「其實過得很辛苦」。為了讓孩子有安心學習的環境，應該將特殊班或特殊支援學校列入考慮。

小學畢業的孩子已大致具備判斷力，所以要尊重孩子的意願，彼此好好討論很重要。若想獲得升學方面的建議，可以找對孩子很了解的班導或責任醫師等人諮詢。

討論孩子將來的出路

普通班、特殊班、特殊學校……，不知道該選哪個好。
與其獨自煩惱，不如請教別人的意見作為參考。

醫師
學校的老師、特別支援教育協調專員
家長聯誼會
學校諮商輔導員（school counselor）

Q&A

Q 小學施行的特別支援教育內容可以銜接至國中嗎？

A 如果是相同學區，特別支援教育的內容可透過小學與國中的老師、特別支援教育專員銜接起來。若是要就讀學區外的學校或轉學，為了銜接內容，請和班導溝通。

增加孩子自己選擇的機會

今天想穿怎樣的衣服、今天想怎麼過……請多尊重孩子的意見。像這樣每天累積自己選擇的經驗，孩子就會知道自己喜歡什麼、擅長與不擅長的事是什麼。

選擇高中時的重點

高中的種類相當多，除了全天制的公立與私立普通高中，還有商業、工業、農業高中、高等養護學校（註）等。形態也很多，分為定時制（夜間部）、函授制、學年制、學分制。還有學習不同職業技術或專業知識的專門學校（類似台灣的五專）或高等專修學校等。

高中畢業後，有些人會選擇繼續升學，但最終仍以進入職場為目標。「持續」也是就業的重點，能夠教導在職場上與人應對的方式、發生糾紛時的處理方法等人際關係可能遇到的問題，提供周全就業支援的學校也是不錯的選擇。國中畢業時，孩子已經很清楚自己喜歡或拿手的事，尊重孩子的意願，彼此討論可以學習適合特性且喜歡的事的出路。

註：「養護學校」是日本「特殊支援學校」的舊稱。

高中的形態

學習方式的形態各不相同，
尊重孩子的特性或期望，好好溝通討論。

全天制

平日的白天時間到校上課。

定時制（夜間部）、學分制

定時制：在晚上等特定的時段上課。

學分制：沒有學年的區分，只要修滿必要的學分就能畢業。

函授制

基本上是在家自習，配合校方要求提交報告。

將擅長的事與工作結合

如果把擅長的事、喜歡的事當成工作，上班時間就會變得更快樂。好好收集資訊，了解孩子將來想做的工作需要哪些技能或職場禮儀。

就業的準備與支援

若能活用自己的能力或有興趣的事，鍛鍊相關技能，當成將來的工作那是很棒的事。因此，學習實用的生活技能也很重要。

很多人都在擅長的領域工作

有發展障礙特性的人當中，活用自身的能力或是有興趣的事，鍛鍊獲得他人良好評價的技能，在擅長領域工作的人很多。

不過能力再好，如果經常遲到、上班時不修邊幅、因為身體癢就在別人面前掀開衣服，同職場的人會感到非常困擾。有些職場以外的地方或許能容忍這樣的行為，但在某些地方不被允許。在每天的生活中慢慢教導孩子關於公共場所的禮節。

能夠活用特性的職業很多

例如，有電腦技能的人，可以做寫程式或資料輸入等的工作。喜歡分類文件或整理的人，可以負責各種文件歸檔或庫存管理等的工作。也有人是在組裝零件或封箱作業、製作麵包等領域發揮所長。

就業有個很重要的事，那就是「持續」做下去。即便是具備優秀技能的人，在人際關係上也可能受挫。發展障礙的特性很難從外表察覺，加上沒有智能障礙，因為社交方面的困難，無法得到職場同事或上司的理解，不斷累積壓力，好不容易找到工作卻離職、辭職的人不在少數。因此，除了培養就業需要的能力，也要盡早尋求職場人際關係的就業支援。

幫助有特性的人尋找適合職場的求職顧問

在日本各縣市都有「地區障礙者職業中心」，此處會與就業中心（就業服務站）合作，為有特性的人進行就業諮詢或就業的必要支援、研習等，針對各自的狀況給予適當的協助。

當中，求職顧問會對雇主及有發展障礙特性的人提供雙方的協助，對有特性的人在就業上是很有效的支援之一。針對有特性的人，除了給予提升作業效率的支援，也會進行改善溝通的支援。雇主方面則是深入理解特性的支援，以及具體的指導方法等建議。為有特性的人提供能夠順利工作的職場環境。

標準的支援期間是2～4個月，在初期的「集中支援期」，每週3～4天訪問職場，分析不適應的問題點，達到集中改善的效果。然後進入「轉移支援期」，求職顧問的訪問變成1～2天，這稱為「自然支持」，負責支援的人從求職顧問變成同事、上司。最後的訪問變成數週～數個月一次，但還是會持續支援。

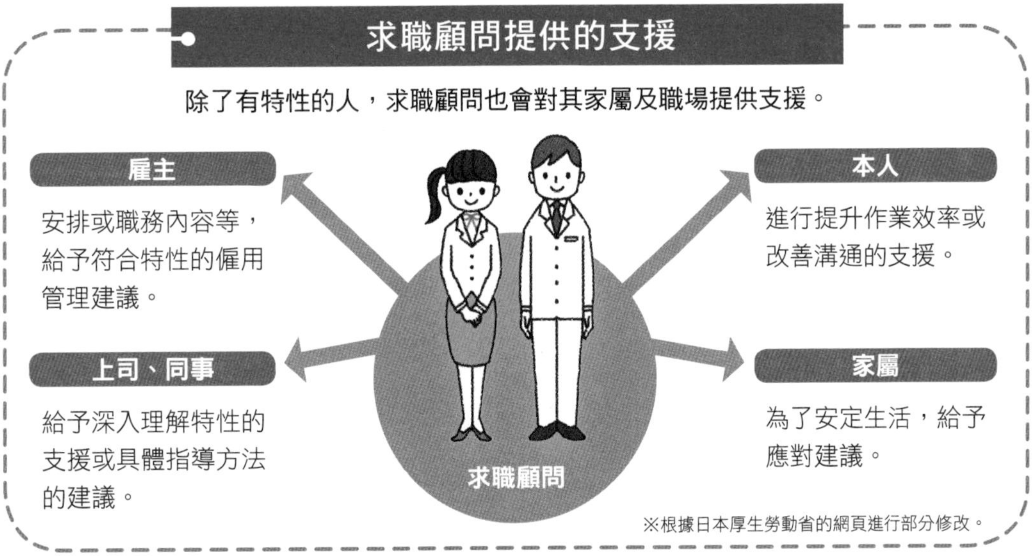
求職顧問提供的支援
除了有特性的人，求職顧問也會對其家屬及職場提供支援。
雇主
安排或職務內容等，給予符合特性的僱用管理建議。
本人
進行提升作業效率或改善溝通的支援。
上司、同事
給予深入理解特性的支援或具體指導方法的建議。
家屬
為了安定生活，給予應對建議。
求職顧問
※根據日本厚生勞動省的網頁進行部分修改。

註：台灣在針對身心障礙者的就業上，有許多各種不同的服務，例如：職業重建（求職服務）、職涯輔導、職業輔導評量、職務再設計、職業訓練、庇護性就業服務、創業補助、視障就業資源暨相關推廣、職場手語翻譯服務、職場聽打服務等。若需要各項服務的詳細內容，可參考以下網址http://goo.gl/JLL2pL。

試用制度也是就業機會

障礙者試用事業（試用事業）是日本的一種制度，針對不曾僱用有發展障礙特性的人等障礙者的雇主所施行的獎勵制度。試用期間為三個月，試用期滿後，雇主沒有繼續僱用的義務，但雙方都有意願的話，可以繼續勞雇關係。

邁向自立的人生規劃

除了從小鍛鍊生活技能，今後要住在哪兒、做什麼樣的工作、如何度過閒暇時間，從這三點來思考如何幫助孩子邁向自立的人生。

鍛鍊生活技能

有發展障礙特性的人會排斥不熟悉的環境或氣氛，所以要在新環境自立生活不是件容易的事。但是父母終究會變老，為了讓孩子將來能夠安心生活，鍛鍊生活技能很重要。

自立的重點是，鍛鍊孩子具備生活技能，如做菜或洗衣服、打掃等，以及管理金錢。如果孩子容易被騙或受到壓迫，必須讓他學會「拒絕的方法」。實用的生活技能不是一朝一夕就能學會，從小讓孩子幫忙做事或透過給零用錢的方式，慢慢地教導他。

居住、工作、閒暇時間是三大思考重點

思考如何幫助孩子邁向自立的人生時，把重點放在今後要住在哪兒、做怎樣的工作、怎麼度過閒暇時間這三點。

首先是，今後要住在哪兒。若是獨居，因為剛開始所有事都是第一次接觸，有時光是想要吃什麼就會陷入恐慌。當孩子有狀況時，如果附近有可以商量的人，就能馬上連絡，比較令人放心。

有些人會在「團體家園」（group home）等擁有專業知識的工作人員協助下，與幾個有相同特性的人共同生活。每個人有自己的房間，餐廳及浴室是共同空間。平時的白天時間各自去上班，或是到醫院、療育設施接受日間照護。回家後，吃飯或洗澡。需要幫忙時，工作人員會給予協助，感覺很可靠。

有些人雖然無法獨居，住在家裡，在家人的協助下還是能過自立度高的生活並且正常上班，過得很充實。

無論是否獨居，孩子能夠安心，有困難時立刻有人可以商量的環境很重要。

擁有可以開心從事的工作或興趣

一天之中很多時間都用在工作。對有發展障礙特性的人來說，如果工作內容是自己有興趣且擅長的事，工作時就會很開心，比較容易持續下去。

此外，怎麼度過閒暇時間也很重要。容易感到不安的人，假如閒暇時間什麼事都不做會很痛苦，甚至恐慌發作。

若能以興趣度過閒暇時間，那段時間也會很充實，透過學習才藝等，增加「做起來很快樂」的事，工作與閒暇時間過得愉快充實，自然會覺得人生很幸福。

增加孩子能夠自己做的事

孩子能夠自己完成的事變多，自立度就會提升。透過幫忙做事等，給他一點提示，慢慢教會他。

管理金錢

記家計簿的方法、怎麼付房租或公用事業費用、如何存錢等。

購物

控制預算，購買需要的物品，結帳時如何收付金錢等。

家事

做菜、打掃、洗衣服的方法等。

三大思考重點

想到孩子的將來，擔心的事還真不少。以適合孩子的充實生活為目標，開始著手準備。

居住

考慮適合孩子的居住形態，如住在家裡或團體家園等。

工作

最好是以孩子擅長或喜歡的事為工作目標。

閒暇時間

什麼都不做容易感到不安的話，培養興趣也很重要。

利用支援生活的服務

日本各地區都有設置「發展障礙者支援中心」，有特性的人在此處能夠接受各式各樣的支援服務。

註：日本的「療育手冊」不同於「身心障礙手冊」與「精神障礙手冊」。「療育手冊」僅限於有智能障礙的兒童或成人才能夠申請取得。台灣並沒有像日本僅限於發給智能障礙兒童或成人的「療育手冊」種類。依據身心障礙者權益保障法規定，101年7月11日起，原申請身心障礙鑑定核發身心障礙手冊之作業程序改為申請「身心障礙證明」。經過鑑定及需求評估程序，由醫師與鑑定人員完成鑑定，再由社會局（處）進行評估，針對符合資格者發給身心障礙證明，拿到身心障礙證明後才符合政府相關身心障礙福利補助的申請資格。

發展障礙者支援中心

在日本，各縣市或指定都市都有設置「發展障礙者支援中心」，這是針對有發展障礙特性的人進行綜合支援的專門機關。此處會與保健、醫療、福祉、教育、勞動等相關機關合作，建立綜合支援網絡，並且提供指導或建議等各種服務，讓有特性的人及其家屬在各地區能夠安心滿足地生活。諮詢服務基本上都是免費，可先打電話向居住地的縣市或指定都市的發展障礙者支援中心洽詢。

如果想申請療育手冊

療育手冊是由各縣市或指定都市的首長發給。名稱或內容有些許差異，如果申請到療育手冊，就能享有各種行政服務或交通費的折扣等，就業方面也可申請障礙者組織的工作。

但是療育手冊基本上是以有智能障礙（IQ大約在70～75以下）的人為對象，並非有發展障礙特性的人都能申請，請先向各地方政府的福祉部門窗口洽詢。

療育手冊的申請辦法

向地方政府的福祉部門諮詢、向兒童諮詢所等處提出申請 → **療育手冊的發給** → **可利用各種支援與服務**

- 向地方政府的福祉部門諮詢、向兒童諮詢所等處提出申請：在兒童諮詢所等處接受障礙程度的判定。
- 療育手冊的發給：基本上是以有智能障礙（IQ 在大約 70～75 以下）的人為對象。
- 可利用各種支援與服務：可享有交通費的折扣或公用事業費用的折扣等支援服務。

※可利用的服務內容依各地方政府而異。

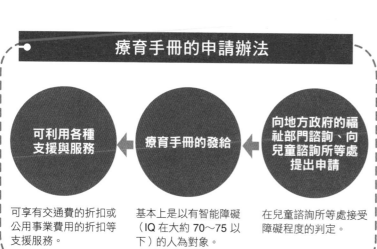

8 章

幼兒園及小學的指導對策

理解特性，給予支援

孩子無法好好說明自己的狀況。老師或支援者必須主動去理解，這點很重要。

其實孩子已經非常努力

動不動就生氣、想說什麼就說、經常發呆、靜不下來、預定改變就很困惑等。在托兒所或幼稚園、小學等以集體行動為主的場所，有發展障礙特性的孩子在大人眼中是「有點令人掛心的孩子」。

教師或保育員這樣的工作，必須同時照顧、指導許多孩子。基於這樣的觀點，看到那些令人掛心的孩子，或許會覺得麻煩、困擾。「照以往的做法都解決不了」、「和家長起了衝突」感到受挫，不知如何應對有特性的孩子而煩惱。

令別人困擾的孩子，其實本身也很煩惱，他們很需要旁人的理解與支援。在你眼前的孩子已經非常努力，他們正拼了命地發出求救訊息，請用這樣的眼光看待他們。

各自給予適當的支援

先試著理解孩子的特性，思考什麼是必要的支援。每天與孩子接觸，自然會知道「如果這樣做，他就能專心」、「假如這樣說，他就不會動粗」、「要是這樣做，他就會唸教科書」這些具體的做法。也許做法不同以往，但有特性的孩子需要被關懷、予以適當的對應。

改變觀點很重要

動不動就打人的孩子

只把重點放在孩子的行為	思考孩子行為的背景
↓	↓
引起紛爭、惹麻煩	需要理解與支援
感覺孩子令人困擾	**能夠理解孩子正在煩惱**

就算有發展障礙的特性，不少孩子從小生長在被理解的環境，穩定度過孩童時期，擁有充滿希望的人生。另一方面，有些孩子從小生長在不被理解或誤解的環境，長大後變成自卑感強烈、內心受傷的人。雖然特性不會痊癒，但周遭的深入理解能夠成為減緩孩子生活痛苦、促進成長的動力。

陪伴關懷孩子的很重要

理解孩子的特性，給予適度關懷與支援的老師，不會傷害孩子，能激發孩子的鬥志。即便剛開始並不順利，不斷摸索，就算失敗也沒關係。守護孩子的成長與發展，找出許多優點，讓孩子變得喜歡自己，度過快樂的時光。

本章將為各位介紹各種如何與有特性的孩子相處的範例。每個孩子都不同，陪伴關懷每個孩子時，請將本章的範例當作參考，給予孩子最適當的支援。

孩子許多令周遭困擾的行為，過去的做法改善不了

責罵

就算責罵，孩子還是不懂得解讀別人的感受，無法具體理解什麼是好的行為，他就會一直重複相同的錯誤行為。

處罰

孩子的特性不是處罰或強迫就能改善。理解特性，給予支援或關懷，孩子自然會做出好的行為。

強迫努力

雖然努力卻得不到成果，強迫孩子努力只會成為令他痛苦的記憶。一再的失敗也傷害了孩子的自尊心。

適合孩子的指導

以理解孩子特性的方法，簡單明白地告訴他。當孩子做出好的行為時，好好稱讚也很重要。

例：簡短具體地給予指示

小勇，
你先坐好
你聽老師說喔

與孩子對話時，先叫他的名字引起注意，盡量用簡短易懂的話語傳達想說的事。

例：活用順序表

看看順序表，
確認一下

有時孩子會不知道接下來該做什麼，利用圖片或照片可加深他們的理解。

不要緊迫盯人，培養孩子的鬥志

努力或毅力無法克服發展障礙的特性。師生雙方放寬容許範圍，就能對彼此更加包容。

不要勉強孩子克服不擅長的事

發展障礙的特性不會痊癒或消失，也無法用努力或毅力克服。與其在意孩子不拿手的事，不如找出並發展孩子的優點，這樣的觀點非常重要。

但是有時就是想要克服特性。這種行為就像對腳程慢的孩子說「跑快一點」，反而會成為孩子痛苦的記憶。

充分理解，給予對應

孩子在上課時起身走動

放寬彼此容許範圍的正面循環

幫忙發講義、去保健室等，容許孩子在一定的範圍內走動，讓他可以自由活動。

因為可以活動感到安心，回到座位後能夠安靜上課，老師也不會為此心煩。

不容許的負面循環

「不要隨便走動！」、「你為什麼都坐不住啊！」像這樣斥責孩子。

孩子的忍耐到達界限、恐慌發作，產生強烈的自我否定，覺得「我很糟糕！」。

放寬彼此容許的範圍

當我們口渴得受不了時，如果聽到「不能喝水」肯定覺得很難受。靜不下來的孩子也是如此，聽到「乖乖待著」同樣很難受。

所以，讓他們幫忙發講義，或是先告知去處就能離開教室等，像這樣訂立可在一定範圍內活動的規則，他們就會很安心。有了規則，彼此就不必為了「乖乖待著」搞到筋疲力盡，能夠互相包容。

找出孩子令人困擾的行為背景

找出孩子令周遭困擾的行為背景也很重要。究竟是感覺敏感或內心不安，請仔細想一想。孩子「真正的心情」或許很難理解，但試圖理解的心意非常重要。建立假設，在不斷摸索、失敗的過程中，一定會找到能夠發揮孩子能力的環境。儘管需要耐性，反覆嘗試與失敗的累積，終能找到適合孩子的環境或支援。也請參考「理解孩子舉動的指標（29頁）」或「盡早察覺，細心對應很重要（67頁）」的內容。

理解孩子的特性，試著以他們的觀點思考

孩子做出令周遭困擾的行為，多半是他們想要適應那樣的環境。理解孩子的特性，建立各種假設，找出適合孩子的改善方法很重要。

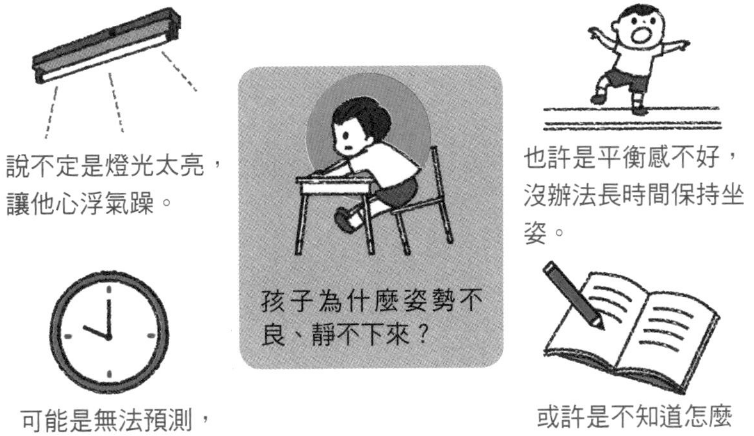
說不定是燈光太亮，讓他心浮氣躁。
也許是平衡感不好，沒辦法長時間保持坐姿。
孩子為什麼姿勢不良、靜不下來？
可能是無法預測，所以感到不安。
或許是不知道怎麼抄寫筆記。

活動或比賽時在旁邊觀看也可以

在旁邊看就好，沒關係

運動會或班上的才藝表演等，這些活動的練習與平時的活動內容或氣氛不一樣，有時孩子會不想參加。允許他們在旁邊觀看或部分參與，這也很重要。

製造成功的機會

有發展障礙特性的孩子有時難以忘記受傷的記憶，無法將失敗轉化為動力。

難以忘記失敗或痛苦記憶

我們或多或少都有過付出努力得到回報的經驗，或是突破困難的成功經驗。又或是，雖然經歷失敗，隨著時間經過，那樣的經歷成為過去的記憶，有時想起那件事，心情會受到動搖。因此，有些克服失敗獲得成功的人，出於善意會想讓有發展障礙特性的孩子也擁有「不被失敗擊垮的體驗」。

可是，不少有發展障礙特性的孩子，因為其特性，就算和其他孩子用相同的方法努力，卻得不到回報。而且，這樣的孩子也很難忘記曾經被嚴厲責罵或失敗經驗等的痛苦記憶。當中有些孩子會突然「閃回（flashback，腦中突然清楚浮現過去討厭的記憶或痛苦的經驗）」過去討厭的記憶，陷入恐慌狀態。

成功能激發孩子的意願

再怎麼努力也做不來、痛苦的記憶始終清楚留在腦海裡，如果我們遇到這樣的狀況會感到很不安。對有發展障礙特性的孩子，「如果這麼做，他就能做到」、「假如這樣說，他就聽得懂」，必須像這樣給予適合的個人化支援，或是盡可

讓孩子馬上就能看到成果很重要

對經常失敗的孩子來說，完成的喜悅無法取代。選擇孩子擅長且容易持續做的事，給他貼紙表示獎勵。看到貼紙增加，孩子就會產生自信。

能不讓他失敗、不讓他感到棘手，予以體諒周到的對應。

逐步給予課題，具體傳達

給予課題時，重點在於，盡可能具體傳達且能夠逐步進行。像是，別對孩子說「這個月要看完一本書」，而是說「晚上睡前看一頁」，這樣他們比較好進行。

另外，有些事孩子一個人做，或是怎麼練習都練不好，所以必須隨時給他們建議。

這麼一來，他們就不會半途而廢，能夠完成的機會變多，累積的成就感或成功體驗會激發孩子的鬥志，培育出優秀的能力。

幫助孩子不拿手的部分，讓他擁有成功的體驗

1 說明順序，讓孩子容易預測

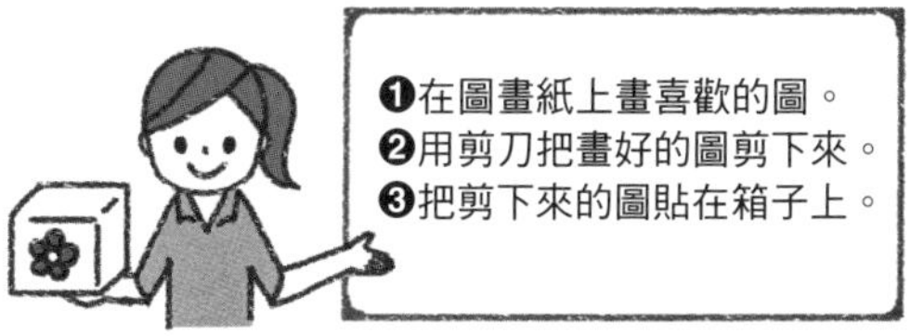
❶在圖畫紙上畫喜歡的圖。
❷用剪刀把畫好的圖剪下來。
❸把剪下來的圖貼在箱子上。

開始作業前，細分順序、逐項說明。不只是對有特性的孩子，而是以全班為對象，這麼一來所有人都能順利完成。

2 具體說明、不責罵

要不要畫花？畫愛心或蝴蝶結也可以喔
快點畫、別發呆

有些孩子聽到「畫你喜歡的圖」，因為不知道該畫什麼會感到混亂。責罵只會讓孩子更慌張，傷害他們的自尊心。這時候，請給予具體的建議。

3 只幫助孩子不會的部分

因為手指不靈活，有時做事情不太順手。「邊剪邊轉動紙張，會剪得很漂亮喔」像這樣給予建議，只幫助孩子不會的部分。

4 享受成就感

作品完成後，孩子可以享受成就感。「這個配色真好看」、「你做的好可愛」聽到老師的稱讚，孩子會產生自信。

幫助孩子發揮出色的能力

與其讓孩子不斷練習去克服不擅長的事，不如多花心思發展他的優點，這樣的觀念很重要。

擅長與不擅長的領域很明顯

有發展障礙特性的孩子，擅長與不擅長的事很明顯。可以馬上算出答案、很會操作電腦、知道許多關於昆蟲的事、勞作或畫畫方面有很棒的創作、很會演奏樂器等，在擅長的領域表現出色的孩子，在別的領域表現不佳，這是常有的事。一般人總希望孩子什麼都做得好、樣樣精通。

可是，有發展障礙特性的孩子對於不擅長的領域，再怎麼努力也很難出現成果，如果希望他什麼都會，反而會讓孩子陷入困境。

別和其他孩子比較，靜靜守護孩子的成長

有發展障礙特性的孩子，與其讓他不斷練習去克服不擅長的事，多花心思去發展他的優點，才不會造成壓力，也能讓他產生自信。大量的練習、學會前不能停止、學不會就處罰，這些行為只會擴大孩子的排斥感或自卑感，無法帶來成果。不過，對不擅長的科目也不能置之不理，以補強弱點的程度，設

幫助孩子更加進步

數學和理科很拿手，國語卻不拿手，擅長與不擅長的科目很明顯時，請幫助孩子在擅長的科目上更加進步。

擅長的科目

- 考試成績好的時候，好好稱讚孩子。
- 對理科拿手的孩子，讓他擔任小老師，幫助對理科不拿手的孩子，或是在課堂上幫忙，讓孩子加深對擅長科目的自信或知識。

等等

不擅長的科目

- 別為了克服不擅長的科目，讓孩子不斷練習。
- 不要因為不會就處罰孩子。
- 給予孩子適當的目標，達成了就好好稱讚他。

定專屬孩子的目標，評斷達成度，這種做法比較理想。就算步調緩慢，孩子還是能有所進步，達成目標。別和其他孩子比較，而是和孩子之前的狀況比較，評斷距離達成目標進步了多少。

了解孩子擅長的是看或聽

擅長「聽」的孩子

與其閱讀文字，不如唸給孩子聽，他們比較能理解。

不太能理解眼睛得到的資訊，有時讀好幾遍也不懂。

擅長「看」的孩子

換成圖畫後，孩子比較好理解。

不太能從文字想像，有時讀好幾遍也不了解文章的意思。

根據認知樣式的差異，思考如何傳達

有發展障礙特性的孩子，對事物的接受方式或感受方式比較特別，有時認知事物的方法也很不一樣。認知事物的方法大致可分為，使用語言形成概念後再理解，以及透過影像或視覺想像掌握、思考事物。

例如，我們會對「不懂問題」的孩子說「多讀幾次，你就會懂了」。可是這種方法只適合擅長語言認知的孩子，並不適合習慣用視覺認知的孩子，讓他們讀好幾遍也無法理解。另一方面，有些孩子對語言的理解很拿手，對視覺資訊的掌握卻不拿手。看東西看得七零八落、不了解深度。

有發展障礙特性的孩子，學習上的失敗不是仔細教導就能解決。要協助孩子解決學習上的失敗，了解孩子比較擅長語言的理解還是視覺的理解才是首要。

簡潔具體地傳達指示

對孩子傳達指示或提問時，請用簡潔具體的話語。若是禁止事項，告訴他們什麼才是對的行為也很重要。

孩子比較聽得懂具體的指示

對孩子傳達指示時，用簡潔具體的話語很重要。尤其是禁止事項，必須告訴孩子什麼才是對的行為。例如老師說話時，有個孩子也在講話，只對孩子說「安靜」並不夠。安靜的語意很模糊，就算孩子停止講話，卻不知道接下來該怎麼做。

因此，先簡單地告訴孩子「請不要說話」，再接著說「請聽老師說話」像這樣具體傳達對的行為。讓孩子看小朋友聽老師說話的圖也能幫助理解。如果孩子做到了，請好好稱讚他「你做的很好，謝謝你」。這麼一來，孩子也能理解什麼是對的行為。

先叫名字引起注意，再逐一給予指示或提問

一次說太多件事、同時給太多指示或提問，有些孩子會感到混亂。不太會切換注意力的孩子，有時會忽略指示，或是漏聽老師說的前幾句。

因此，給予指示或提問時，先叫孩子的名字引起注意，再用簡潔具體的話語傳達，一次只說一件事。等孩子完成了第一件事，再給下一個指示或提問，這樣他就不會混亂，也能加深理解。

條列出負責的工作或值日生要做的事

孩子有負責的工作或是輪到當值日生，必須先讓他記住工作內容、了解優先順序，保持那個記憶去行動。可是，很多有發展障礙特性的孩子做不到，做到一半忘了該怎麼做，雖然他們也很煩惱，卻被誤解成偷懶。

指示、提問的方式

重點

站在沒有裝飾的牆壁前說話

對年紀小的孩子下達指示時，站在沒有裝飾物的白色牆壁前等處，他們比較不會分心，能夠持續專心聽老師說話。

若讓孩子被傳單或窗口的景色吸引，他們的注意力會分散。

重點

給予提示

你覺得是幾號呢？

孩子有時想不出來怎麼說，沒辦法組織文章，「你覺得答案是幾號呢？」不妨像這樣給予提示。

答案是什麼呢？

長篇文章裡的問題，或是「請說出答案」這樣的指示句，會讓孩子更難理解內容。

重點

先引起孩子的注意

現在要去音樂教室喔

先引起孩子的注意，再給予具體指示，例如「現在要去音樂教室喔」。

喂～走囉！

在遠方即使大聲喊叫，不太會切換注意力的孩子不會察覺到。

依序列出值日生要做的事

列出順序，讓孩子邊確認邊進行作業。老師適時地提醒「接下來是幾號呢？」會更好。

❶搬桌子
❷掃地
❸擦桌子
❹倒垃圾

孩子有時會忘記輪到自己當值日生，或是不清楚工作的內容，讓人誤以為在偷懶。

所以，為了讓孩子忘記時能夠確認該怎麼做，把負責的工作或值日生要做的事做成一覽表，就能避免孩子感到混亂。如果孩子忘記輪到自己當值日生，不要責罵他，而是提醒他「今天你是值日生喔」，給孩子自己想起來的機會。

教室的構造化

教室構造化後，「用途只有一個」，孩子會非常安心。為孩子提供能夠專心活動或學習的環境。

用途太多，孩子會感到混亂

托兒所或幼稚園、小學必須有效活用有限的空間，所以同一間教室會依時間與場合改變用途，變成學習、吃東西、休息的場所。我們理所當然地理解並接受那樣的事，也從過去的經驗得知，某個場所用於某個目的時，不能同時用於其他目的。

可是，有發展障礙特性的孩子沒辦法理解眼睛看不到的事物，或是彙整過去的經驗形成概念，假如同一個場所用於別的目的，他們會感到非常混亂。為了讓孩子安心，

特殊班的學習空間範例

學習空間與遊玩空間做出視覺上的區分，各自用途明確，孩子更容易專心學習和休息。

用窗簾隔絕影響

孩子唸書時拉上窗簾，避免受到外界事物的干擾。把課桌面向牆壁也是好方法。

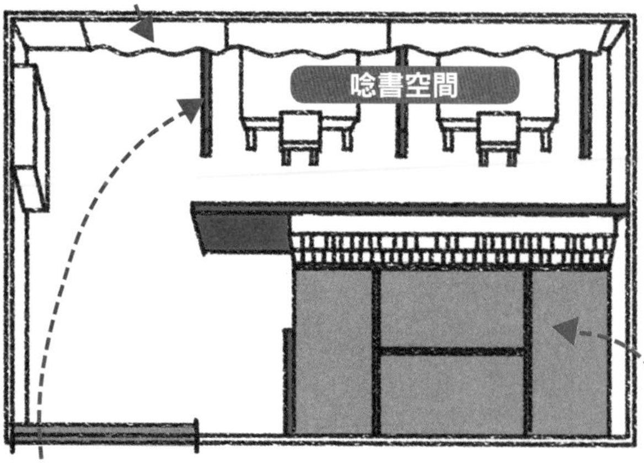

用屏風區隔書桌

看不到其他孩子，比較能夠集中精神。

放鬆空間

鋪榻榻米或地毯，氣氛立刻變得不同，比較容易放鬆。

將空間或時間、順序等整理得「一目瞭然」，這就是「構造化」。教室的構造化會讓孩子的情緒穩定，能夠專心從事活動或學習。

以目的區隔教室的空間

特殊班的教室會區隔出學習空間與休息空間，課桌之間也要有明確的界線，很多地方都要獨立分開。像是在椅子上貼孩子的照片等，讓孩子清楚知道自己的座位。

此外，聽到下課鐘響，我們就知道下課了，可以稍微休息一下。但是有發展障礙特性的孩子不知道下課時間可以做什麼、不可以做什麼。所以，打造放鬆的空間是個不錯的方法。

為了讓孩子一看就覺得可以放鬆，鋪上榻榻米等，營造出不同於學習空間的氣氛，孩子比較容易轉換心情。有些孩子休息時間不知道該做什麼會感到不安，請告訴他具體的做法，像是看喜歡的書等。

普通班級也可以進行構造化

相較於特殊班，普通班可以構造化的地方有限，但還是做得到。例如，容易受到各種刺激影響而分心的孩子，盡可能安排他們坐在前排中央的位子，這樣就看不到其他孩子的舉動，能夠專心聽課。上課時，用窗簾等遮住佈告欄或牆上的圖，讓孩子的視線範圍內沒有雜物，可以專心看黑板或老師。對其他孩子來說，這也是容易集中注意力的學習環境。

普通班級的構造化範例

安置在前排

前排中央的位子靠近黑板，不太會看到其他孩子的舉動。用窗簾等物遮住佈告欄，孩子上課時更能專心聽課。

窗戶貼上遮蔽物

為避免孩子受到外界事物的干擾，在窗戶玻璃上貼遮住視線的窗貼也是好方法。

午餐時間

移動桌子

移動課桌椅後，與上課時的感覺明顯不同，孩子一看就知道有所差異。

使用餐墊

看到餐墊孩子就會明白「等等要吃午餐了」。

時間表的構造化

能夠預測各種事情，孩子就會非常安心。
利用固定時間單位的卡片，孩子也能理解時間的概念。

傳達事情時，用圖像更能讓孩子留下記憶

將事物整理得一目瞭然稱為「構造化」，如果把時間表也構造化，孩子比較容易知道接下來要做什麼，能夠理出頭緒。

有發展障礙特性的孩子不太會想像，比起聲音，文字或圖像比較能記得住。因此，有事要傳達時，與其大聲給予指示，使用象徵活動內容的圖或照片，他們比較容易記住且預測，所以會感到安心。

容易理解的時間表範例

利用卡片的大小

例如，製作以 15 分鐘為基本單位的時間表，孩子看了比較好掌握看不到的時間長度。

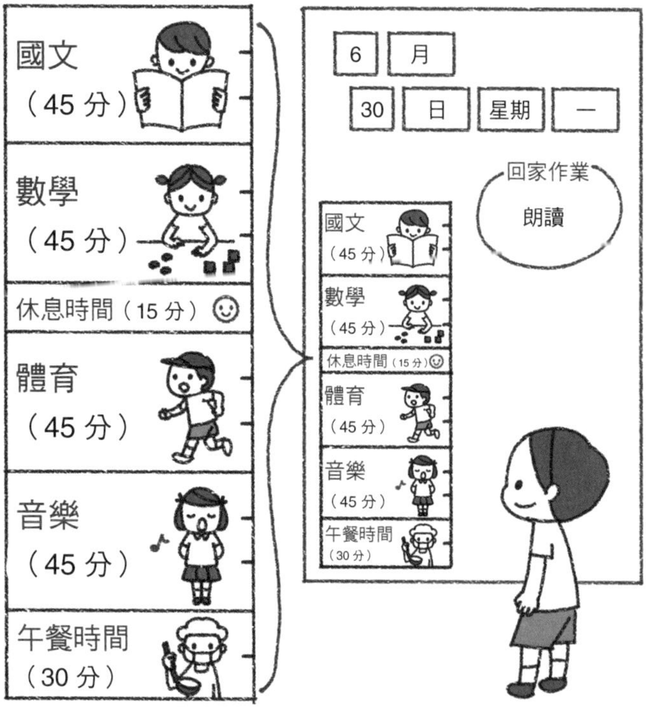

利用卡片的大小傳達時間概念

有發展障礙特性的孩子，不太能感覺出時間的經過，不知道現在的活動要進行到何時，因而感到混亂。此時，可以使用右頁的圖卡，讓看不到的時間可視化，孩子比較好了解時間的概念。同時，告訴孩子「寫完二張講義就結束了」，像這樣使其明白「結束」的意思，他們就能安心且專心上課。另外，「做完後去看喜歡的書」，像這樣具體傳達「結束」後可以做什麼，孩子會更加安心。

時間表有變更時，要提早告訴孩子

有發展障礙特性的孩子對於看不到的未來，沒辦法產生「也許會變成這樣」的想像。因此，些許的變化就會令他們感到不安。

不過，事先做簡單易懂的說明，孩子就能做好心理準備。重要的是，時間表有變更時，必須事先告知會發生不同於預定的事，以及這時候該怎麼做，用簡單易懂的說明讓孩子理解接受。

假如臨時告知，孩子無法立刻轉換心情。所以，知道時間表有變更時，盡量趁早告訴孩子。如果孩子因為突然的變更感到困惑，別勉強他接受，帶他到能夠安心的場所，讓心情冷靜下來。

傳達的方式

讓孩子知道「結束」

在結束的時間上貼貼紙，或是用做了記號的時鐘圖都是有效的方法。「到了10點15分就結束了。把第2節課的數學課本拿出來放在桌上」，像這樣具體告訴孩子到了結束的時間，接下來要做什麼也很重要。

變成這樣就表示結束了

事先告知變更

國語（45分）
數學（45分）
休息時間（15分）
體育（45分）
音樂（45分）
午餐時間（30分）
身體檢查
這裡有變更喔

若有臨時的變更，孩子不知道該怎麼做會變得不安。為了讓他們做好心理準備，知道有變更時盡早告知，以及之後應該怎麼做，具體且耐心說明，直到孩子能夠理解。

告訴孩子如何度過休息時間

有時孩子聽到「你想做什麼就做」，其實非常痛苦。
發現孩子有那樣的情況，請具體告訴他休息時間可以做什麼。

決定好休息時間要做什麼，孩子就能夠安心

孩子在自由活動時間或下課時間會很開心，爭先恐後跑去玩，但部分有發展障礙特性的孩子，在自由時間不知道該做什麼，反而會變得不安、不知所措。

假如有人很仔細地交待你「要那樣做、要這樣做」，難免會覺得綁手綁腳。可是對有特性的孩子來說，明確知道要做的事比較容易預測，能夠感到安心。先告訴孩子遊戲的內容，他就能安心度過自由活動時間或休息時間。

度過自由活動時間的範例

給予具體的指示

有些孩子聽到「你想做什麼就做」會變得不安。只要告訴他自由活動時間可以做什麼，給予具體的指示，他就能安心。

✕ **不知道該做什麼，孩子會很困惑**

不知道應該「做什麼」、「怎麼做」、「做到什麼時候」，孩子有時會感到不安。

一個人玩也沒關係，尊重孩子的意願最重要

如果孩子在休息時間自己一個人玩，不和其他孩子一起玩，不要勉強他去和其他孩子玩，在旁邊靜靜守護就好。

一般人總認為「與其自己玩，和朋友一起玩比較開心」、「和其他孩子玩可以培養社交能力」，可是有發展障礙特性的孩子有社交困難，這樣的想法不適用於他們。

大人能夠理解孩子的特性，為他們設想或顧慮，但年紀小的孩子沒辦法做到。因此，對有特性的孩子來說，和同年紀的孩子一起玩會覺得緊張、不安。

讓孩子自己一個人玩

她不跟大家一起玩嗎？
她喜歡自己一個人畫畫

對於喜歡自己玩的孩子，尊重意願、在旁守護很重要。請別勉強他和其他孩子玩，在旁邊靜靜關心就好。

在放鬆空間玩

如果園內或校內有放鬆空間，利用那個區塊也是個好方法。因為可以獨處，孩子會覺得輕鬆自在。

慢慢增加互動的時間

想讓孩子融入其他孩子，先讓他自己玩，同時旁邊也有其他孩子在玩，在這樣的狀態下慢慢增加孩子與其他孩子互動的時間。

放鬆空間的範例

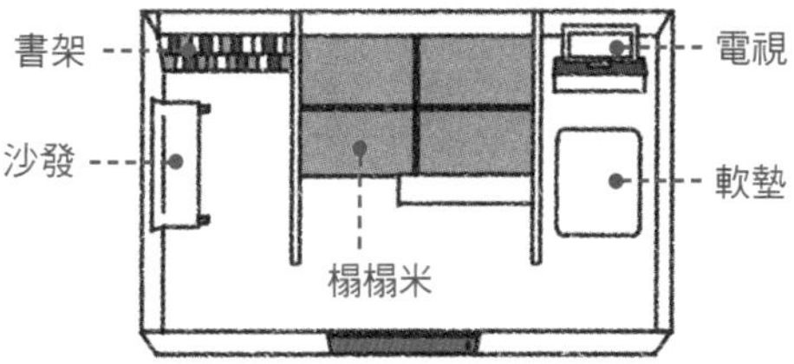
書架
電視
沙發
軟墊
榻榻米

把玩樂與休息的放鬆空間，依照目的區分為 DVD 觀賞區、閱讀區、玩具區等。鋪上榻榻米或地毯，讓氣氛的差異一目瞭然。

逐項進行學習計畫

配合孩子的理解度，逐項進行、慢慢進步，累積成功的體驗。

一次只給一個課題，孩子比較容易完成

上課時，經常得邊聽老師講話邊看黑板上的字，同時抄寫筆記，對我們來說那是很理所當然的事。但是有發展障礙特性的孩子沒辦法一次做多件事，有時會跟不上進度。

只聽老師講話、只看黑板上的字、只抄筆記，像這樣一次只做一件事，他們比較容易做到。「請聽老師說話」、「在心裡默念老師寫在黑板上的內容」，像這樣逐一給予指示很重要。

上課的重點

逐一給予指示

1. 只聽老師講話
2. 只看黑板上的字
3. 只把黑板上的字抄成筆記

唸唸看
黑板上的字
有 5 個蘋果，
吃掉了 2 個，
還剩下幾個呢？

一次無法做多件事的孩子，如果一次只做一件事就能專心完成。對其他孩子也是比較容易做的方法。

事先告訴孩子知道上課的內容

國文
❶讀課文
❷和旁邊的同學討論
❸上台發表
現在是❶

知道上課的內容，孩子比較容易預測，能夠安心且專心上課。

先告知上課內容，孩子就能預測

有些孩子對於預期外的變化或不符合預測的狀況會感到不安。先告知上課的流程，他們就能安心且專心上課。

例如，上自然課的時候，「讀教科書→看教材的DVD→到校園內看花→回教室把觀察到的事寫成筆記」，先在黑板的角落寫出這些事項，孩子知道接下來要做什麼就能夠安心。假如上課上到一半覺得無聊、失去注意力，想到「等一下要去看花」或許就能提起精神。

幫助孩子累積成功體驗

許多孩子不太會邊讀邊寫，若要評斷達成度，比起有時間限制的考試，配合孩子的理解度慢慢進步比較適合，像是孩子會做的問題，比起昨天，今天進步了多少，比起今天，明天進步了多少。就算有發展障礙的特性，孩子還是能以自己的步調有所進步。

可是如果讓他討厭學習，想要進步自然是不可能達成的事。準備和其他孩子稍微不同的內容，幫助孩子累積成功體驗，這點很重要。

不打×，累積成功體驗

考卷上寫錯的題目不要打「×」，重寫後如果寫對了再打「〇」，用這樣的方法，最後考卷上只會有「〇」，孩子看了會產生成就感。這個方法很適合不喜歡看到考卷上有「×」的孩子，或是一定要考到100分的孩子。

Q&A

Q 不太會寫字的孩子應該怎麼教？

A 不太會寫字的孩子，通常寫字速度也比較慢。但，寫字本來就是很複雜的事，不要著急，讓孩子慢慢把字寫好，這很重要。假如時間不夠，可以把黑板的內容印成講義發給孩子。

寫字其實是很複雜的事

- 邊寫邊看整體的平衡
- 想出要寫的字
- 想出筆劃或注音
- 留意寫法的細節
- 熟練運用鉛筆與筆記本
- 決定好寫的地方再寫字

協助孩子克服不拿手的事

部分有發展障礙特性的孩子，雖然沒有智力發展遲緩的情況，學習上卻沒有進步。協助孩子克服不拿手的部分，增加學習愉快的經驗。

多進行團體及分組討論，組合各種上課形態

不少有發展障礙特性的孩子，中途容易失去注意力。所以，明明坐不住卻得一直坐著聽課的話，有時無法持續專心，會被課程內容之外的事吸引。

這時候，進行團體討論或是讓孩子上台發表，因為能活動身體，孩子上起課來更有活力、容易保持注意力。讓有特性的孩子幫忙發講義也是不錯的方法。

組合各種上課形態

※以下僅供參考。

提問回答

有時是孩子提問讓老師或其他孩子回答。

上台發表、發言

讓孩子上台發表，或是在自己的座位發言。

寫作業

讓孩子寫講義或解題。

和旁邊的同學或團體討論

這種做法很適合在大家面前容易緊張的孩子。

善用學習支援道具 增加孩子學習愉快的經驗

學習支援道具可協助孩子克服不拿手的部分，促進學習的理解。例如，朗讀教科書時，必須邊確認自己讀到哪一行邊發出聲音，是相當複雜的事。

一次無法做多件事的孩子，有時沒辦法朗讀。如果用標示墊板突顯要讀的部分，孩子比較容易知道要讀哪裡。

此外，近來使用錄音器或數位相機、平板電腦等最新的電子產品協助有發展障礙的孩子，這樣的做法也開始受到關注。

活用配合孩子特性的支援道具，促進學習的理解，增加孩子覺得學習愉快的經驗。

學習支援道具的範例

※以下僅供參考。

從自己動手做到使用最新技術的東西都有，種類相當豐富。

計時器

設定的時間會有顏色、時間過了面積會縮小，讓孩子容易了解時間的經過。

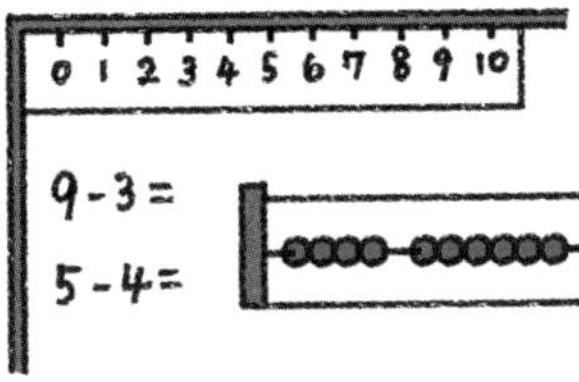

算盤、尺

標出數字 1～10 的尺，或是 10 顆算珠的算盤，對數學的計算等很有幫助。

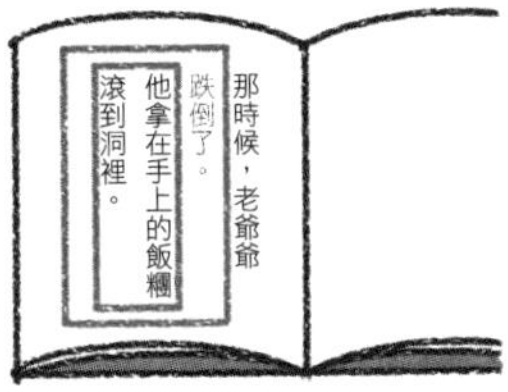

朗讀輔助板

使朗讀內容變明顯的墊板，可避免發生跳行、重複讀同一行的情況。

活用電子產品的支援方式

朗讀輔助軟體

閱讀上有困難且花時間的話，有這個道具很方便，有些可以調整朗讀的速度。

錄音器、數位相機

用錄音器錄下重要的內容，用相機拍下黑板上的字。

平板電腦

不太會寫字的孩子也能輕鬆使用。也能利用圖像或插畫等幫助計算。

不擅整理，經常忘東西

桌子裡東西堆到快滿出來，經常忘記帶作業或上課要用的東西，對於這樣的孩子，請不時提醒他，讓他有機會自己想起來。

不懂得分類，自然也不擅於整理

若要分類「上課會用到的東西」與「上課不會用到的東西」，筆記本是屬於哪一邊？根據使用者的用途，結果肯定不同。如果是已經沒有空白的筆記本呢？

有些人會想「已經沒有地方可以寫，所以不會用到」，有些人則認為「還會再拿出來看，所以會用到」。

整理的時候會有無法只憑形狀或外觀分類的要素，而且每個人的認知不同，沒辦法思考抽象分類的孩子會覺得很困難。

先進行大致的分類陪伴孩子一同整理

配合目的靈活分類的技巧，對孩子將來的各種情況很有幫助，像是學習不同的想法、安排優先順序、思考步驟等。雖然不斷練習可以慢慢進步，但無法獨自完成的事還是很多，最好陪在孩子身邊，隨時給予建議。

不要突然要求孩子做很仔細的分類，先試著大概分類就好，例如把桌子裡的東西分成「放在學校的東西」與「帶回家的東西」。

就算遇過麻煩事，還是會忘記

有些孩子沒辦法保持注意力、先記住重要的事，經常忘東忘西。有些人可能會想「等他以後遇到麻煩就比較不會忘記」，但對有發展障礙特性的孩子來說，那樣解決不了問題。

因為他們已經非常努力卻還是會忘記，他們自己也非常煩惱。

分類練習的範例

先練習將身邊的物品依照顏色或形狀分類。錢的分類是很好的練習，可提升孩子的生活技能。最後孩子就能自己分類，像是「需要的物品」、「目前用不到、暫時收起來的物品」等。

彩色橡皮筋的分類

將各種顏色的橡皮筋，依照指定的顏色及數字分類。

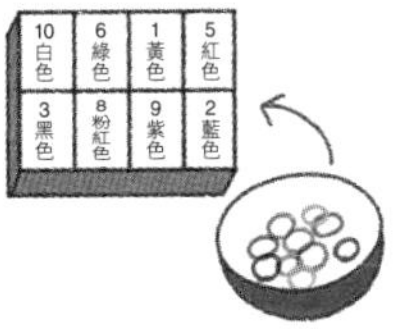

錢的分類

把裝在袋子裡的鈔票及硬幣，依照單位分類。

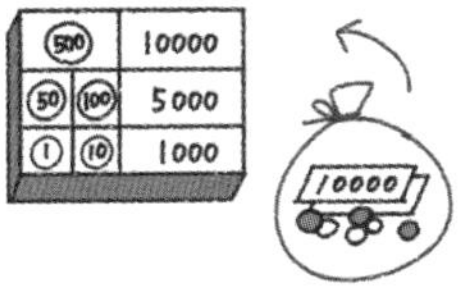

整理打掃的重點

整理桌子的時候

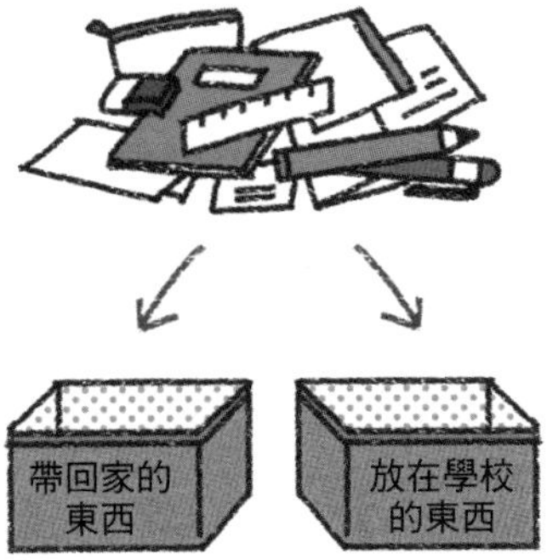

先將桌子裡的東西全部拿出來，概分為「放在學校的東西」與「帶回家的東西」，再來決定要放在哪裡，這樣比較好處理。

孩子無法自己區分的事很多，請陪他們一起整理、給予建議。

全班一起整理

讓孩子獨自整理，他們會很難受，班上同學也會投以異樣的眼光。全班一起定期整理，讓其他孩子也養成良好習慣。

不時提醒孩子，
讓他想起來忘記的事。

值日生要做的事或回家作業等，不時提醒孩子，讓他自己想起來。有時會想起來又忘記，請別責罵孩子，保持耐心好好跟他說。

想讓孩子別再忘記，比起責罵，提醒更有效。給孩子機會，讓他想起忘記的事。此外，有時孩子會告訴爸媽「今天沒作業」，但他不是故意那麼說，只是不小心忘記。運動會或遠足等需要準備的活動，記得打電話連絡家長，與家長保持聯繫也很重要。

班級的問題要趁早解決

爭吵或嘲笑、霸凌等，孩子之間有時會發生這些問題。與家長聯繫，別讓問題拖太久，這很重要。

可能成為被嘲笑或霸凌的對象

有發展障礙特性的孩子沒辦法抑制自己的情緒，生起氣來就會打人、丟東西、大吼大叫等，做出粗魯的舉動。

那種火大抓狂的樣子，有時其他孩子看到會覺得很有趣，故意去惹他生氣，或是因為給人「很粗魯」的印象而受到排擠，導致同儕關係不和睦。

此外，有時也會成為被嘲笑或霸凌的對象。聽不懂玩笑話或謊話遭受取笑，被其他孩子起鬨說「你這樣好帥喔！」而擺出怪姿勢，或

班上常見的問題

有發展障礙特性的孩子，因為其特性會和其他孩子起衝突、無法好好溝通。容易發生問題表示孩子也正為了生活痛苦而煩惱。

你插隊！
靜不下來
無法遵守規則
動不動就發怒
你是值日生喔！
健忘、不太會察覺
因為課業或運動
不拿手被嘲笑
你好胖！
不會體諒
對方的心情
強烈的偏執
聽不懂謊言
或玩笑話

是做危險的事等。

有發展障礙特性的孩子常會捲入紛爭，看起來像是令周遭困擾的孩子，其實他們很煩惱，需要被協助與關心。請記住這一點，有耐心地持續給予對應。

仔細觀察班級的情況與家長保持聯繫

隨著年級的增加，孩子與班上其他孩子的紛爭，常會發生在老師不在的休息時間等，因此很難發現有問題。

問題拖太久會造成嚴重的傷害，甚至讓孩子拒絕上學，老師除了要多留意班上的人際關係，也要和家長保持聯繫，一旦發生問題，盡早解決很重要。

在家中

練習解讀對方的表情或心情

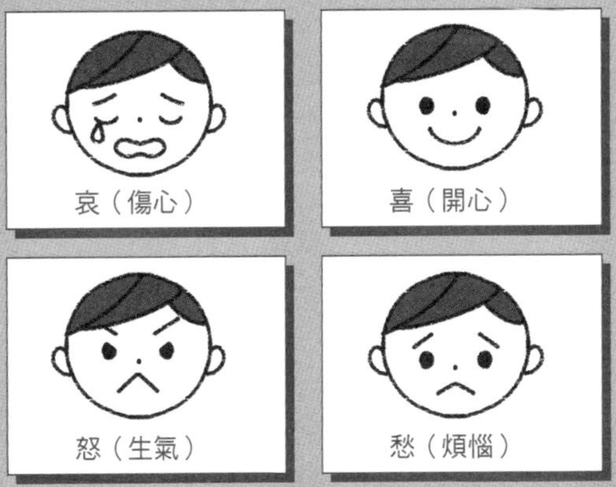
哀（傷心）
喜（開心）
怒（生氣）
愁（煩惱）

不太會解讀臉部表情的孩子，不知道其他孩子正在生氣或難過。透過從表情解讀感情的練習，孩子也會察覺自己的感受。像以下這樣，利用插畫讓孩子聯想表情與感情的練習也很重要。

重點

- 「做這種事很差勁！」不要說否定孩子人格的話，而是指正孩子的行為，例如「打人是不對的事」。
- 不要喋喋不休一直罵。
- 發生問題時，立刻告訴孩子（否則過一段時間會忘記發生過問題）。

發現孩子爭吵要立刻制止

step 1 先制止

別吵了！

趕緊介入，以免孩子受傷。如果有口出惡言或動手的情況，趕快制止。

step 2 聽雙方的理由

個別詢問吵架的理由及經過。不清楚狀況時，可以問周遭的孩子。

step 3 告訴孩子不管是什麼理由都不能動粗

不可以打人
要用說的

「是對方惹我生氣」像這樣聽完孩子的理由後，告訴孩子「我明白你的心情，但打人是不對的事」，讓他知道感情與行動必須分開。

培養互助合作的班級氣氛

就像對待其他學生那樣，對於有特性的孩子的缺點全部接受。老師這樣的態度會成為班上其他孩子的範本，自然能營造出和諧包容的班級氣氛。

孩子會把老師的言行與態度當成範本學習

無論孩子有沒有發展障礙的特性，他們本來就會發生失敗或問題。遇到突發狀況時，老師如何應對孩子將影響班上的氣氛。

尤其是年紀小的孩子，成長過程中會模仿學習身邊大人的言行，老師的發言或態度的影響力超乎想像。面對令周遭困擾的孩子，老師若採取嚴厲責罵的態度，

把孩子當成「傷腦筋的孩子」、「破壞班上和諧的孩子」，其他孩子就會有樣學樣。反之，若將孩子視為「需要協助的孩子」，

關懷的話語及眼光很重要

老師是孩子的學習範本

老師的一句話或一個動作，對孩子會造成超乎想像的影響。

老師要成為班級支援的中心

「老師很重視班上的每一個人」用這樣的心態面對所有學生。孩子感受到自己被重視，對其他孩子也會變得包容。

給予溫暖守護、理解或適當的關懷，其他孩子自然會有「如果他有困難就要幫助他」的想法。

彼此幫忙、互相體恤

假如班上有人遇到困難，告訴孩子「有困難時要互相幫忙」。如果得到幫助，也要說「謝謝你」表達感謝或體恤。

人無法獨自生存，也沒有人是十全十美，特性也是那個人的一部分。重要的不是有沒有特性，而是建立遇到困難時能夠互助的關係。「要認同對方不拿手的部分，接納他的一切」平時就常聽到老師這麼說的孩子，自然能夠包容有特性的孩子或其他孩子的失敗，建立互補互助的關係。而且，透過親子間的對話讓家中的人也知道那些孩子的情況，就算在班上發生問題，也比較容易取得對方家長的理解。

保持後續追蹤很重要

眼前這個有特性的孩子，總有一天會換班、畢業，或是因為老師的異動離開老師身邊。話雖如此，希望不要發生「我不知道那孩子之後過得怎麼樣」的情況。透過賀年卡或信件維持互動，持續關注孩子後來過著怎麼樣的人生。這樣的用心一定能提升身為老師的經驗值或能力。

而且，如果將來又遇到有特性的孩子就會知道該怎麼做。不要中斷聯繫，並且反省當時的對應是否恰當，對有特性的孩子保持後續追蹤。

自組家庭後…
社會人士
大學
國中、高中
小學
幼稚園

與孩子保持聯繫

曾經教過的孩子，後來過得怎麼樣，請持續守護孩子的人生。保持聯繫會讓孩子產生堅定的信心。

參考文獻

- 《了解 AD／HD（注意力不足過動症）的一切》市川宏伸　監修（講談社）
- 《ADHD LD 自閉症—令人在意的譜系障礙》佐佐木正美　著（育兒協會）
- 《了解 ADHD 與自閉症的關連》Diane M. Kennedy　著、田中康雄　監修（明石書店）
- 《邁向 ADHD 的未來》田中康雄　著（星和書店）
- 《了解 LD 的一切》上野一彥　監修（講談社）
- 《亞斯伯格症　高功能自閉症》佐佐木正美　著（育兒協會）
- 《了解亞斯伯格症、高功能自閉症的一切》佐佐木正美　監修（講談社）
- 《亞斯伯格症就業支援篇》佐佐木正美、梅永雄二　監修（講談社）
- 《活出自己》吉田友子　著、羅娜溫恩（Lorna Wing）監修（中央法規）
- 《互動反應學習溝通療育法（INREAL）》竹田契一、里見惠子　編著（日本文化科學社）
- 《1、2、3 歲　語言發展遲緩的孩子—促進語言發展的生活發想》中川信子　著（葡萄社）
- 《健檢與語言發展的諮詢—1 歲 6 個月及 3 歲兒童的健檢》中川信子　著（葡萄社）
- 《一書搞懂！「令人在意的孩子」怎麼教》木村順　監修（成美堂）
- 《一書搞懂！自閉症與亞斯伯格症》田中康雄、木村順　監修（成美堂）
- 《如何好好相處—ADHD》司馬理英子　監修（主婦之友社）
- 《如何好好相處—亞斯伯格症、高功能自閉症》宮本信也　監修（主婦之友社）
- 《如何好好相處—自閉症》佐佐木正美　監修（主婦之友社）
- 《令人在意的孩子：自閉症譜系障礙》佐佐木正美　著（育兒協會）
- 《手牽手》田中康雄　著（金剛出版）
- 《難道我家的孩子有發展障礙！？》岡田俊　著（PHP 研究所）
- 《簡單易懂的發展障礙》佐佐木正美　著（育兒協會）
- 《假如孩子被診斷為發展障礙—愉快養育發展障礙兒》佐佐木正美　編著、諏訪利明、日戶由刈　著（SUBARU 舍）
- 《覺得孩子「不好養育」時—如何克服育兒煩惱》佐佐木正美　著（主婦之友社）
- 《孩子不好養的原因—感覺統合》木村順　著（大月書店）
- 《應用行動分析學的孩子觀察力＆支援養成指南—解讀發展障礙孩子的問題行為》平澤紀子　著（學研）
- 《星星的孩子：一個畜牧科學博士的自閉症告白》天寶葛蘭汀（Temple Grandin）、Margaret M. Scariano　著（學習研究社）
- 《完　看待孩子的眼光》佐佐木正美　著（福音館書店）
- 《輕度發展障礙孩子生活中的理解與應對—「試圖」理解，給予「實質」協助》田中康雄　著（學研）
- 《輕度發展障礙—相繫共生》田中康雄　著（金剛出版）
- 《了解行為障礙與不良行為》小栗正幸　監修（講談社）
- 《高功能自閉症、亞斯伯格症　活用「孩子特性」的育兒方式》吉田友子　著（中央法規）
- 《高功能自閉症、亞斯伯格症入門—正確的理解與應對》內山登紀夫　編、吉田友子、水野薰　編（中央法規）
- 《我家孩子是發展障礙？養育的秘訣》服卷智子　著（NHK 出版）
- 《育兒支援的療育—從〈醫療模式〉切換至〈生活模式〉》宮田廣善　著（葡萄社）
- 《從支援到共生—發展障礙的臨床與日常的聯繫》田中康雄　著（慶應義塾大學出版會）
- 《虐待兒童》佐佐木正美　著（育兒協會）
- 《自閉症、ADHD 的保育　孩子需要你的理解！》田中康雄　監修（學研）
- 《如何告訴別人，我有自閉症、亞斯伯格症—診斷說明、告知手冊》吉田友子　著（學研）
- 《讓自閉症譜系障礙者發揮才能的 10 項人際關係法則》天寶葛蘭汀（Temple Grandin）、肖恩巴倫（Sean Barron）（明石書店）
- 《此地無人（Nobody Nowhere）》唐娜威廉斯（Donna Williams）（新潮文庫）
- 《了解自閉症的一切》佐佐木正美　著（講談社）

- 《星星的孩子：自閉天才的圖像思考》天寶葛蘭汀（Temple Grandin）著（學習研究社）
- 《自閉症感覺—激發潛力的方法》天寶葛蘭汀（Temple Grandin）著（NHK 出版）
- 《用圖卡與自閉症兒溝通—PECS 與 AAC》Andy Bondy、Lori A. Frost 著（二瓶社）
- 《自閉症療育手冊—學習結構化教學法（TEACCH》佐佐木正美　著（學研）
- 《圖解　簡單易懂的 ADHD（注意力不足過動症）》榊原洋一　著（NATSUME 社）
- 《圖解　簡單易懂的 LD（學習障礙）》上原一彥　著（NATSUME 社）
- 《圖解　簡單易懂的亞斯伯格症》廣瀨宏之　著（NATSUME 社）
- 《圖解　簡單易懂的自閉症》榊原洋一　著（NATUSME 社）
- 《圖解　簡單易懂的發展障礙兒童》榊原洋一　著（NATSUME 社）
- 《續　看待孩子的眼光》佐佐木正美　著（福音館書店）
- 《續　佐佐木手札—「謝謝」是預防虐待的關鍵詞》佐佐木正美　著（育兒協會）
- 《發展障礙孩子的未來選擇手冊》月森久江　監修（講談社）
- 《發展障礙者的就業諮詢》梅永雄二　編著（明石出版）
- 《發展障礙的孩子的心聲》佐佐木正美　監修、木村常雄著（SUBARU 社）
- 《發展障礙兒的獨立與就業—家庭、學校、社會生活的支援與訓練》田中和代　編著、野村昌宏　著（合同出版）
- 《孩子發展障礙，媽媽怎麼辦？【學童篇】》杉山登志郎、辻井正次　監修、亞斯伯格症會協助（日東書院）
- 《發展障礙孩子與家屬的支援 BOOK 小學生篇》岡田俊著（NATSUME 社）
- 《發展障礙孩子與家屬的支援 BOOK 幼兒篇》岡田俊　著（NATSUME 社）
- 《發展障礙孩子的支援實例　小學篇》上野一彥、月森久江　著（NATSUME 社）
- 《發展障礙的現況》杉山登志郎　著（講談社現代新書）
- 《發展障礙的孩子們》杉山登志郎　著（講談社現代新書）
- 《發展障礙對於你、對於我》田中康雄　著（日本評論社）
- 《發展障礙兒童的青春期與預防二次障礙的說明書》小栗正幸　著（GYOSEI）
- 《發展障礙者的雇用支援筆記》梅永雄二　著（金剛出版）
- 《發展障礙者支援的現況與未來—早期發現、早期療育～就業及地區生活支援》市川宏伸　監修、內山登紀夫、田中康雄、辻井正次　編（中央法規）
- 《我想知道！令人在意的孩子 Q&A》七木田敦　編著（CHILD 社）
- 《真正的 TEACCH—為了做自己》內山登紀夫　著（學研）
- 《臨床家的 DSM-5 秘訣》森則夫、杉山登志郎、岩田泰秀　編著（日本評論社）
- 《DSM-5 精神疾病的診斷、統計手冊》日本精神神經學會日語版用語監修、高橋三郎等人　監譯（醫學書院）

family field 親子田 親子田系列 017

教養，從讀懂孩子行為開始

イラスト図解発達障害の子どもの心と行動がわかる本

監　　修　田中康雄
審　　定　吳純慧
譯　　者　連雪雅
總 編 輯　何玉美
副總編輯　陳永芬
主　　編　陳鳳如
封面設計　比比司工作室
內文排版　菩薩蠻數位文化有限公司

原書編輯人員
設計／東條加代子
插圖／渡邊美里、石崎伸子
執筆・編輯／滿留礼子（羊カンパニー）

出版發行　采實出版集團
行銷企劃　黃文慧
業務發行　張世明・楊筱薔・鍾承達・李韶婕
會計行政　王雅蕙・李韶婉
法律顧問　第一國際法律事務所　余淑杏律師
電子信箱　acme@acmebook.com.tw
采實粉絲團　http://www.facebook.com/acmebook

ISBN　978-986-92812-6-3
定　　價　399 元
初版一刷　2016 年 06 月
劃撥帳號　50148859
劃撥戶名　采實文化事業有限公司
104 台北市中山區建國北路二段 92 號 9 樓
電話：02-2518-5198
傳真：02-2518-2098

國家圖書館出版品預行編目 (CIP) 資料

教養，從讀懂孩子行為開始 / 田中康雄監修；連雪雅譯 . -- 初版 . -- 臺北市：采實文化，2016.06
面；　公分 . --（親子田系列；17）
譯自：イラスト図解発達障害の子どもの心と行動がわかる本
ISBN 978-986-92812-6-3(平裝)

1. 特殊兒童教育 2. 學習障礙 3. 親職教育

529.6　　105003284

采實出版集團
ACME PUBLISHING GROUP